Jesús Álvarez Maestro

SANTA RITA DE CÁSSIA

Paulinas

Dados Internacionais de Catalogação na Publicação (CIP)
(Câmara Brasileira do Livro, SP, Brasil)

Maestro, Jesús Ávarez
    Santa Rita de Cássia / Jesús Ávarez Maestro ; [tradução Paulo F. Valério]. – São Paulo : Paulinas, 2012. – (Coleção dom e graça)

    Título original: Santa Rita de Casia : esposa, madre, viuda, religiosa.
    Bibliografia.
    ISBN 978-85-356-2740-4

    1. Rita de Cássia, Santa, 1381-1457   2. Santas cristãs - Biografia
I. Título.   II. Série.

11-14809   CDD-282.092

Índice para catálogo sistemático:

1. Santas : Igreja Católica : Biografia e obra   282.092

Título original: *Santa Rita de Casia.*
Esposa. Madre. Viuda. Religiosa

© Jesús Álvarez Maestro, 2010 together with the following acknowledgment: "This translation of Santa Rita de Casia, First Edition, is published by arrangement with Provincia de Hispania Orden de Predicadores Padres Dominicos – San Esteban Editorial – Edibesa".

Direção-geral: *Bernadete Boff*
Editora responsável: *Andréia Schweitzer*
Tradução: *Paulo F. Valério*
Copidesque: *Ana Cecilia Mari*
Coordenação de revisão: *Marina Mendonça*
Revisão: *Sandra Sinzato*
Assistente de arte: *Ana Karina Rodrigues Caetano*
Gerente de produção: *Felício Calegaro Neto*
Projeto gráfico de capa: *Telma Custódio*
Projeto gráfico de miolo: *Manuel Rebelato Miramontes*

1ª edição – 2012
7ª reimpressão – 2025

Nenhuma parte desta obra poderá ser reproduzida ou transmitida por qualquer forma e/ou quaisquer meios (eletrônico ou mecânico, incluindo fotocópia e gravação) ou arquivada em qualquer sistema de banco de dados sem permissão escrita da Editora. Direitos reservados.

Cadastre-se e receba nossas informações
paulinas.com.br
Telemarketing e SAC: 0800-7010081

Paulinas
Rua Dona Inácia Uchoa, 62
04110-020 – São Paulo – SP (Brasil)
📞 (11) 2125-3500
✉ editora@paulinas.com.br

© Pia Sociedade Filhas de São Paulo – São Paulo, 2012

SUMÁRIO

Prólogo 5

PARTE I – A VIDA DE SANTA RITA

As fontes de sua história 15

As origens de Cássia 19

Nascimento e infância de Santa Rita 23

Adolescência e juventude 31

Rita Lotti contrai matrimônio 35

Nascem os filhos 41

Assassinato de seu esposo 47

Morte de seus filhos 53

As circunstâncias de sua vocação 61

Torna-se monja agostiniana 69

Profissão religiosa 75

Mortificações e penitências 79

Rita, estigmatizada por Deus 83

Peregrinação a Roma 89

Morte de Santa Rita 97

Principais virtudes de nossa Santa 105

Parte II – Devoção a Santa Rita

Fama de santidade 115

Os milagres 121

Breve biografia espiritual 127

Processo de beatificação 135

Canonização 143

Parte III – Os documentos de sua vida

A biografia do notário 153

A obra de Agostino Cavallucci 155

O "Resumo da vida" 161

O *Breve relato*, de Jerônimo de Ghetti 167

Bula de canonização de Santa Rita de Cássia 173

Último comentário 187

Bibliografia 191

PRÓLOGO

Os santos são os mais excelentes dons que a Igreja oferece à glória de Deus, produzidos pela Palavra que ela prega e pelos sacramentos de vida espiritual que administra, autênticas fontes da graça salvadora de Cristo. Nós, cristãos, celebramos suas festas, procuramos imitar suas virtudes e lhes suplicamos que elevem nossas preces, louvores e ações de graças ao Criador. Com eles, esperamos triunfar com Cristo, fazendo parte da pátria celeste. Lembramo-nos deles para que façam seus nosso louvor, nossa ação de graças e nossas súplicas a Deus, em face das limitações humanas. Desse modo, nossa oração faz-se oração deles.

Todas as criaturas participam da santidade e da bondade do Criador e, de modo muito especial, os bem-aventurados. Na verdade, segundo São Paulo, são santos também os batizados convertidos em membros de Cristo, associados a quem morreu por todos. Esta santidade, porém, produz-se mediante nossa união com Deus, de quem a recebemos por meio de Cristo. Todavia, ela não é suficiente. Exige-se, além disso, a prática das virtudes teologais e morais, ou seja, estamos obrigados a uma santidade moral, ajudados sempre pela graça divina. De todas as virtudes, diz-nos São Paulo, a melhor é o amor, a que mais nos aproxima de Deus e dos seres humanos, nossos irmãos.

Contemplando a Deus, os santos do céu são bem-aventurados porque gozam da felicidade eterna com a posse de toda a verdade, de toda a paz, de toda a beleza e de todo o amor. Começam a desfrutar esta felicidade, já na terra, os pobres que colocam à disposição dos demais tudo quanto possuem; os que não recorrem à violência contra os irmãos, em nenhuma de suas formas; os que sofrem e choram, de olhos fixos na cruz de Cristo, empregando, ao mesmo tempo, todo tipo de remédio; os amantes da santidade e da justiça em todas as suas formas; os misericordiosos, que entregam o coração quando estendem a mão ao que sofre; os honrados e bons, que contemplam com olhar puro até mesmo a seus inimigos; os semeadores de paz na família e na sociedade; os que são perseguidos de mil modos por servirem a Deus. A todos esses, Jesus Cristo chamou de bem-aventurados, ditosos, felizes ou, como traduzem outros, especialmente amados por Deus (Mt 5,1-11).

Santo Agostinho compreendeu que essas bem-aventuranças de Cristo eram autênticos *preceitos*, obrigatórios para todos os seus seguidores. Segundo esse pensamento, os santos foram fiéis cumpridores desses mandamentos divinos. Em um ou em outro, distinguiram-se de tal maneira, que nos demonstraram a presença de uma graça de Deus especial neles. A fé, a esperança e o amor conduziram-nos pelo caminho de Cristo, seguindo suas pegadas. O mundo considerou-os *desventurados*, porque não ganharam dinheiro, não desfrutaram nem do poder nem da fama, não foram aplaudidos nem tampouco se fizeram escravos de paixões prazerosas e ilícitas. Contemplando-os, podemos ver um pouquinho da beleza do céu, e a Igreja colocou-os nos altares para que, por meio deles, louvemos a Deus, seguindo-lhes o exemplo.

A veneração e a invocação dos santos começaram na Igreja com o culto aos mártires e, a seguir, estendeu-se durante os primeiros séculos aos confessores, às virgens e aos anacoretas. No Antigo Testamento, Deus está disposto a perdoar Sodoma e Gomorra pelas súplicas de Abraão (Gn 18,16-31), desde que encontre dez justos nessas cidades; Onias e Jeremias conseguem o perdão de Deus para seu povo (2Mc 15,12). No Novo Testamento, os apóstolos sentar-se-ão junto do Filho do Homem para julgar as doze tribos de Israel (Mt 19,28); o rico perverso pede a Lázaro que tenha compaixão dele e de seus irmãos (Lc 16,19-31); os mártires rogam a Cristo, no céu, que vingue o sangue deles na terra (Ap 6,9).

O Concílio Ecumênico de Niceia II (787), contra os iconoclastas, e o Concílio de Trento (1545-1563), contra os protestantes, declaram legítimo o culto de dulia aos santos e a validez de sua intercessão por nós. Recentemente, o Concílio Vaticano II repetiu esta doutrina, destacando que "a Virgem Maria merece uma veneração especial por ser a Mãe de Deus". A devoção aos santos nos obriga principalmente a imitar suas virtudes, seguindo seu exemplo. Eles merecem nosso culto e veneração porque conseguiram chegar à meta pelo caminho aberto por Cristo, e apresentam nossas orações e louvores ao Senhor. Os santos passaram por nossas experiências e dores nesta mesma terra. Por isso, o agostiniano São Tomás de Villaneuva admitia "que implorava com maior prazer aos santos do que aos anjos", porque foram de carne e osso como nós.

A Igreja elege determinados santos como patronos de nações, povos e cidades, a fim de que os fiéis imitem suas virtudes e recorram a sua proteção. Nossos pais até mesmo nos inscreveram no livro de batizados com o nome de um santo, esperando que nos conserve presentes diante de Deus. Os nomes dos famosos, nacionais e estrangeiros, jamais poderão apagar os nomes dos santos nas sociedades cristãs. Rita desenvolveu sua vida nas situações mais difíceis, com a mais generosa fidelidade a Deus, apresentando respostas aos mais graves problemas de hoje. Os homens e mulheres das fraternidades agostinianas deverão fixar-se nela para seguir fielmente a Cristo. Santa Rita exerce um fascínio especial por ser modelo de uma vida exemplar em todos os períodos de sua vida, especialmente como esposa, mãe e religiosa agostiniana. De modo especial, em tais circunstâncias podemos recorrer a sua proteção.

Talvez não haja no Santoral um santo tão universal e querido pelo povo cristão como Rita de Cássia, a santa advogada das causas impossíveis, "a santa mais popular, ao lado de Santo Antônio de Pádua", disse João Paulo II. Milhares e milhares de mulheres trazem este nome para fazer-lhe memória. Foi batizada com o nome de Margarita, evocando uma flor e uma pérola, ao mesmo tempo. Para as mães, certamente, toda criança que vem a este mundo é bem mais que uma pérola após passar pelo banho da água batismal. Seus pais, no entanto, sempre a chamaram pelas últimas silabas – Rita –, e hoje é conhecida pelo nome da cidade italiana que a viu morrer: Rita de Cássia. É a joia mais preciosa que a família agostiniana, da qual fez parte durante os últimos quarenta anos de sua vida, deu à Igreja e ao mundo.

Nasceu em um pequeno povoado da Itália, na cordilheira dos Apeninos, que se estende de norte a sul, na parte ocidental do país (1381-1457). No calendário cristão, destaca-se seu jeito de ser esposa, mãe, viúva e religiosa exemplar nestes quatro estados de vida. Foi santa durante toda uma vida de 76 anos. Seu símbolo são as rosas, que os agostinianos abençoam em suas igrejas no dia de sua festa, em 22 de maio. É retratada sempre com um espinho na fronte, a fim de recordar o estigma gravado por Deus, em resposta a um pedido seu, por sua devoção à Paixão do Senhor. Inúmeros fatos maravilhosos assinalam sua vida, sua morte e sua presença diante de Deus, a ponto de seus devotos a terem chamado de *advogada das causas impossíveis*, ou seja, das causas mais desesperadas. Muitos heróis foram exaltados com todo o tipo de lendas. O povo cristão o fez com alguns santos, autênticos heróis no seguimento de Cristo. Isto aconteceu com Santa Rita; contudo, conhecem-se os fatos históricos fundamentais de sua vida, que expressam a grandeza de uma alma de Deus. Isto bastou para que, mesmo que o nome dela não esteja no calendário litúrgico da Igreja universal, sua devoção e seu culto se tornassem universais.

Santa Rita é uma autêntica margarida, um dos melhores presentes dados por Deus a sua Igreja. A devoção que o povo cristão lhe tributou durante cinco séculos é de difícil explicação, mesmo comparada com a veneração a outros santos famosos. Certos abusos da piedade popular em relação a ela não diminuem em nada a fé e a devoção que devemos a Cristo, de quem dimanam a santidade e a graça. Já Santo Agostinho fez uma advertência aos donatistas de seu tempo, a qual vale para os iconoclastas de sempre: "nós, cristãos, não adoramos os santos, mas o Deus dos santos". Rita de Cássia foi um precioso benefício do céu para o mundo. Quando a moderna liberação da mulher se nos apresenta com excessos que rebaixam sua dignidade, essa santa é chamada a evangelizar este mundo, mostrando-nos o caminho da verdadeira libertação, para melhorá-lo por sua maneira de ser virgem, mãe, viúva e religiosa.

"Estão chamando para as veredas", dizia-se nos antigos povoados de Castilha, quando a prefeitura convocava os vizinhos, por grupos, para abrir caminhos novos ou reparar os destroçados pelas tempestades. Os santos foram chamados, por Deus, para as veredas, e nos abriram, a todos, caminhos de santidade, pelos quais podemos melhor conduzir-nos. Rita de Cássia aplainou para todos nós o caminho da oração, ensinou-nos a continuar caminhando nas contradições e no sofrimento, balizou as sendas que levam à paz através do perdão e do amor, em vez da violência, falou-nos como é possível suportar a solidão na melhor companhia, indicou as pautas da santidade para todos os consagrados a Deus na vida religiosa. Pode dizer-nos, como o rei da Hungria, São Venceslau, falou a seu pajem que não conseguia acompanhá-lo na caminhada sobre a neve em duro inverno: "Põe teus pés nas pegadas deixadas por minhas sandálias". Santa Rita ajuda muitas pessoas a crescerem espiritualmente na vida pessoal e familiar.

Neste livro, propomo-nos escrever sua biografia completa, da qual acabamos de oferecer breves pinceladas. Nasceu na terra, mas o povo e seus biógrafos rodearam-na com um halo sobrenatural desde seu nascimento. As pessoas falam das abelhas que entravam e saíam de sua boca, sem causar-lhe nenhum dano, quando estava no berço; do espinho ou estigma gravado pelo Senhor em sua fronte, das rosas e dos figos que florescem e amadurecem no inverno etc. No entanto, a crítica histórica pôde descobrir a verdadeira história dessa mulher de carne e osso, como todos os mortais. A Constituição *Lumen Gentium*, do Concílio Vaticano II, ensina-nos que a Igreja se nutre e se realiza na Eucaristia. A vida de Rita se realizou também em torno de Cristo, na Eucaristia e no crucifixo. Todas as suas virtudes estão enraizadas na fé, na esperança e na caridade sobrenaturais, recebidas no Batismo.

Jesús Alvarez Maestro, OAR

PARTE I

A VIDA DE SANTA RITA

AS FONTES DE SUA HISTÓRIA

Este mundo necessita de sábios que descubram os mistérios da natureza, de governantes que dividam com equidade as riquezas do mundo e de profissionais de todo o gênero; contudo, antes de mais nada, o mundo precisa de santos. Eles ensinam-nos o caminho da justiça e da paz, sem as quais não pode haver felicidade entre as pessoas, e, ao mesmo tempo, o modo de estabelecer o Reino de Deus no mundo.

O povo cristão manteve, durante vários séculos, profunda devoção a Santa Rita; cada um de seus devotos propôs-se seguir seus passos e melhorar um pouco a sociedade em que vivemos. Muitas vezes a piedade distanciou-se da história e, enfeitando a santa com uma auréola de milagres, esqueceu-se da verdadeira mensagem que pregou aos jovens, às esposas e às mães, às mulheres e aos homens consagrados a Deus. Não foi um anjo descido do céu; foi uma mulher de carne e osso. Sua biografia chegou-nos envolta em uma roupagem literária e maravilhosa, sem que a crítica histórica tenha podido danificar a riqueza de sua personalidade espiritual. Vejamos as fontes da história dessa alma privilegiada.

A vida de Rita Lotti revela-se fascinante. Nem o mais experiente racionalista, nem o teólogo podem compreendê-la plenamente. O humano e o divino dessa mulher entram no mundo das coisas de Deus. As primeiras fontes desta história perderam-se. O religioso agostiniano Giovanni Giorgio Amici escreveu sua biografia cerca de cem anos depois de sua morte. Um pouco mais tarde, fazia-o também, em verso, outro religioso agostiniano chamado Giuseppe Canetti. Dessas obras, no entanto, não se conserva nenhum exemplar. A biografia mais antiga de Santa Rita pertence a outro agostiniano, Agostino Cavallucci, *Vita della B. Rita da Cascia dell'Ordine di S. Agostino* [Vida da Beata Rita de Cássia da ordem de Santo Agostinho], publicada em Sena, em 1610. Este autor conhecia as duas biografias anteriores e acrescentou alguns milagres com o fim de edificar seus leitores. Todas as numerosas biografias subsequentes se apoiam nele, buscando muito mais a edificação espiritual dos fiéis do que a história verdadeira desta santa. O melhor conhecedor de sua espiritualidade, Agostinho Trapé, queixa-se de que, por lhe terem sido atribuídos tantos milagres, sua mensagem ficou obscurecida a seus devotos.

O documento mais antigo foi redigido dez anos depois da morte da religiosa agostiniana Rita por um tabelião, Domenico di Angelo, encarregado de compilar os milagres atribuídos a esta santa pelas autoridades civis de Cássia. Os investigadores dão-lhe o nome de "A biografia do tabelião". Além dos milagres, este notário proporciona-nos alguns dados pessoais sobre Rita Lotti: "… Uma irmã monja bastante respeitável, a senhora Rita, depois de ter vivido como monja durante quarenta anos no convento da Igreja de Santa Maria Madalena de Cássia, servindo a Deus com caridade, finalmente sofreu a sorte de todo ser humano.

E Deus (a serviço de quem havia perseverado durante o tempo que mencionamos) quer apresentar aos demais fiéis de Cristo um modelo de vida para que eles também vivam como ela, que viveu servindo a Deus com jejuns e orações, realizou inúmeros milagres e prodígios admiráveis por seu poder e graças aos méritos da Bem-aventurada Rita...".

Outra fonte importante de informação a que recorre com frequência o crítico Yves Chiron é a biografia impressa pela gráfica da Câmara Apostólica de Roma em 1628, com o título de *Breve racconto della vita e miracoli della B. Rita da Cascia* [Breve relato da vida e dos milagres da Bem-aventurada Rita de Cássia]. As monjas de Cássia forneceram ao autor deste documento, o Padre Jerônimo de Ghetti, ministro-geral dos agostinianos, todas as tradições orais e escritas sobre Rita conservadas no mosteiro.

Os historiadores servem-se também de outros documentos iconográficos, mais próximos da morte de Santa Rita, e que nos trazem detalhes importantes. Refiro-me principalmente a seu féretro, a pinturas e inscrições; assim, sabemos, por exemplo, que media 1,50 m de estatura, era magra, de rosto arredondado e juvenil.

A série de biografias escritas sobre Santa Rita, os artigos, folhetos, boletins etc. são inumeráveis. De máxima importância são os dados biográficos e pessoais, acrescentados sob o nome de *Summariolum della vita* [Resumo da vida], que as próprias monjas do Mosteiro de Santa Maria Madalena de Cássia enviaram a Roma e que se anexaram ao processo de beatificação. Existe também um *quadro antiquíssimo*, descrito por Agostinho Cavallucci e pelas monjas no *Breve relato* de Ghetti, no qual o pintor nos lembra dos milagres principais, pouco tempo depois de sua morte. Devemos recordar também as pinturas e inscrições que aparecem no segundo féretro preparado para seu corpo dez anos depois de sua morte.

Toda essa documentação está reunida pelo Padre Damaso Trapp, em quatro volumes, *Documentazione Ritiana Antica* [Documentação ritiana antiga], Cássia, Mosteiro de Santa Rita, 1968-1970. Os historiadores encontram aqui todos os dados essenciais da vida de Santa Rita, bem como os documentos pertencentes ao processo de beatificação e de canonização, a história civil e religiosa de Cássia e a do Mosteiro de Santa Maria Madalena. O Instituto Histórico Agostiniano de Roma organizou, em 2000, um congresso internacional, e todos os trabalhos foram publicados com o título de *Santa Rita de Cascia. Devozione. Storia. Sociologia* [Santa Rita de Cássia. Devoção. História. Sociologia]. Rita é, portanto, uma excelente figura, tão humana, que representa e testemunha as diversas correntes espirituais do século XV.

AS ORIGENS DE CÁSSIA

Analisemos, em primeiro lugar, um pouco o lugar de origem desta mulher chamada Rita Lotti, seguindo os passos de seu último grande biógrafo, Yves Chiron, membro da Sociedade Francesa de História das Religiões, em seu livro recente *La verdadera historia de Santa Rita* [A verdadeira história de Santa Rita]. Desde seu nascimento, até sua morte, essa santa viveu sua infância e sua juventude, de casada e de viúva, durante uns trinta e seis anos, em Roccaporena, e quarenta anos em Cássia, constando-nos somente uma ida a Roma, com o fito de obter a indulgência plenária do ano 1450. Para ela, o mundo se resumiu à pequena e montanhosa região da Úmbria, ainda que bem ligada ao Norte e ao Sul da Itália.

Cássia existia já no tempo do Império Romano como cidade fortificada, posto que seu nome atual seja conhecido somente a partir do século VI. Primeiramente sofre a invasão dos lombardos, procedentes da Alemanha, os quais findaram por criar seu reino no Norte da Itália, e, posteriormente, a ocupação dos sarracenos que, como na Espanha, colocaram em perigo a fé cristã. Em fins do século XII, já pertencia aos territórios pontifícios, que faziam parte do patrimônio de São Pedro. Essa pequena cidade amuralhada contava com partidários do domínio do Papa, os *guelfos*, e com os defensores de sua sujeição ao imperador alemão, os *gibelinos*. No entanto, a maioria dominante foi sempre fiel à autoridade do papado. Os litígios entre as famílias, as lutas sociais e políticas com frequência conduziam a delitos de sangue, criando, a um só tempo, um ambiente de vingança permanente entre os vizinhos. Por vezes, famílias inteiras morriam assassinadas para que não restasse possibilidade de vingança.

No tempo de Santa Rita, essa cidade regia-se pelos chamados *Estatutos de Cássia*, nos quais não entrava nenhum representante direto do Papa, mas, sim, em suas instituições. O poder executivo e o poder judiciário eram exercidos por pessoas de fora, ao passo que o poder legislativo ficava nas mãos do prefeito e do parlamento dessa pequena república. Somente os cidadãos de Cássia podiam adquirir bens imóveis, e, graças à boa administração das autoridades, tal diminuta república gozou de bem-estar, defendendo a educação pública e a ajuda aos mais pobres. Calcula-se que a república de Cássia constava com uma população de uns 20 mil habitantes, sem levar em consideração umas 40 aldeias em seus arredores e seus castelos, com uma maioria absoluta de homens profundamente cristãos. Roccaporena era uma destas aldeias, com seu castelo correspondente, distante uns 5 quilômetros da capital.

Em meados do século XIV, quando Rita nasceu, o ambiente religioso de Cássia era bom, mesmo entre aqueles que se opunham ao domínio temporal dos Papas. A cidade reunia todos os conventos da humilde república, na qual se encontravam as clarissas, as beneditinas de Celestino V, agostinianos, franciscanos e as agostinianas de dois conventos: o de Santa Luzia e o de Santa Maria Madalena, ao qual Santa Rita conferirá fama e renome. O convento dos agostinianos tinha a igreja dedicada a Santo Agostinho, e nela se prestava culto especial a São João Batista e a São Nicolau de Tolentino, santos de predileção especial na devoção de Rita. Em Cássia, haviam marcado encontro todas as convulsões políticas e sociais da Europa através, naturalmente, da Itália renascentista. No entanto, o clima religioso geral era bom.

Na época de Rita, a república de Cássia já se apercebia das correntes do Humanismo e do Renascimento, que se estendiam por toda a Europa. Pouco a pouco iam desaparecendo os dogmatismos medievais, emergiam as preocupações humanas e floresciam as manifestações artísticas e culturais. Os filhos das famílias mais bem situadas estudavam Direito, principalmente em Florência e em Roma. Artesãos, comerciantes e feirantes contribuíam para a prosperidade desse humilde Estado dentro da Itália e da Europa. Com a influência dos mosteiros, dos agostinianos e dos franciscanos, Cássia não estava à margem das diversas correntes culturais do século XV, durante a vida de Rita no mundo. O pesquisador agostiniano Damaso Trapp chegou a encontrar certa semelhança entre os versos de Dante na *Divina Comédia*, dedicados a São Francisco de Assis, e os que aparecerão no segundo ataúde de Santa Rita.

NASCIMENTO E INFÂNCIA DE SANTA RITA

Rita nasceu em Roccaporena, pequeno povoado ou aldeia da Úmbria italiana, a uns 145 quilômetros de Roma, em 1381, um ano depois da morte de Santa Catarina de Sena, conforme observou João Paulo II em um de seus sermões. Os habitantes primitivos desta região haviam sido os umbros, povo belicoso, moldado desde tempos imemoriais em contendas e guerras com seus vizinhos, os etruscos. Tal localidade encontra-se no centro da Itália, em uma das cadeias dos montes Apeninos, no vale alto do Tibre, que irriga a zona de Roma, na província de Perugia e Terni. Aqui, nossa santa viu a primeira luz.

Esta região é famosa não somente pela beleza de seus montes e aprazíveis sombras de verão, mas também por ter sido o berço de santos ilustres como São Bento, patrono da Europa, Santa Escolástica, sua irmã, São Francisco de Assis, o irmão de todas as criaturas, a estigmatizada Ângela de Foligno etc.; o calendário cristão comemora também Ugolino de Cortona, e a ordem agostiniana celebra seus filhos Nicolau de Tolentino, Simão Fidati de Cássia e a estigmatizada Clara de Montefalco. Roccaporena dependia totalmente de Cássia no que dizia respeito ao aspecto cultural, econômico, social e religioso. As igrejas das pequenas aldeias não dispunham de pia batismal.

Os pais de Rita, Antônio Lotti e Amada Ferri, eram piedosos e de costumes profundamente cristãos. Alguns biógrafos exageraram sua pobreza e as carências padecidas por Rita em sua infância. Ao contrário, os Lotti pertenciam às antigas famílias proprietárias de Cássia, e comprovou-se por notas cartorárias do tempo que Rita herdou de seus pais um sítio, metade cultivada e metade bosque, sem contar o que recebeu do marido; em 1446, as monjas arrendaram um sítio, lavrado em cartório, a um agricultor do povoado vizinho – Onelli; segundo observação do tabelião João Cecchi, sua proprietária era *Rita de Antonio Lotti*. A riqueza de Antônio e Amada, como é comum aos bons pais, foi sua filha, que os fez as pessoas mais felizes do mundo quando tiveram em seus braços a recém-nascida. Passaram muitos anos pedindo esse favor a Deus, o que lhes foi concedido, tal como às mães de Samuel e de João Batista, como um presente do céu, quando parecia que já não havia motivo de esperança. Os pais de Rita, portanto, desfrutavam de boa posição social, embora, ao que parece, se dedicassem aos labores do campo.

Esses cristãos exemplares, bem conhecidos na aldeia por sua fé, esperança e amor generoso para com os pobres, eram também muito devotos da Paixão do Senhor. Distinguiam-se entre seus conterrâneos por serem os *pacificadores* das famílias divididas por contendas políticas de denominações diferentes. Faziam o papel de mediadores, ou melhor, de *juízes de paz*, quando surgia algum litígio ou dissenso entre os vizinhos. Ainda mais, os *pacificadores* gozavam de um estatuto especial em Cássia e região, com reconhecimento jurídico de suas decisões em todo o tipo de litígios, como brigas, insultos ou agressões. Tratava-se de evitar, dessa forma, os longos e dispendiosos processos diante dos tribunais. A reconciliação fazia-se perante testemunhas, por amor de Deus e sem custos pecuniários. Os contendedores findavam por dar-se o ósculo da paz ou um aperto de mãos. Desse modo, evitavam-se muitas vinganças ou *vendetas*. Essa instituição existiu em outras muitas cidades da Itália, e teve sua origem nos esforços da Igreja em oferecer a *trégua de Deus* para evitar as guerras.

Agostino Cavallucci foi o primeiro biógrafo cuja obra chegou até nós; é também o primeiro a narrar que seus pais, já idosos, não tinham filhos, e que um anjo anunciou a Amada, durante sua oração, o nascimento de Rita. Suas orações haviam sido escutadas. Os pesquisadores não puderam estabelecer precisamente o dia de seu nascimento, por serem tempos em que os grandes acontecimentos da família se relacionavam somente com fatos importantes da natureza ou da história geral. Veio ao mundo em momentos calamitosos para a Europa e para a Itália, tempos de guerras fratricidas, conquistas e rebeliões, de cidades e povoados contra os vizinhos, de revoluções sangrentas etc.

Recebeu o Batismo poucos dias depois de seu nascimento, provavelmente na Igreja de São João Batista, dos frades agostinianos, conforme se demonstrou em 1979, através de um afresco do século XIV, no qual se deixa transparecer que esta igreja possuía pia batismal. Até que se fizesse tal descoberta, todos os biógrafos acreditavam que ela tinha sido batizada, como a maioria das crianças de Cássia, na igreja colegiada de Santa Maria della Pieve, visto que Roccaporena, como dissemos, não tinha pia batismal. Por conseguinte, desde seu nascimento, Rita segue as pegadas espirituais de Agostinho. Foi-lhe dado o nome de Margherita, ou seja, Margarida. Posteriormente, o carinho de seus pais reduzi-lo-ia às duas últimas sílabas, de modo que familiares, vizinhos e amigos sempre a chamaram Rita. Seu nome completo é Rita Lotti. Começou a ser santa com o Batismo, ou melhor, santificada neste sacramento. Essa vida divina que impregnou sua alma posteriormente lhe deu a força necessária nas situações mais difíceis.

Seus biógrafos, seguindo Cavallucci, maravilham-nos narrando milagres que demonstram a providencial missão de Santa Rita: um anjo, dissemos, anunciou seu nascimento a sua mãe, Amada, e, sendo ainda criança, um enxame de abelhas brancas entrava e saía de sua boca sem causar nenhum mal à menina. O milagre das abelhas aconteceu na casa de seus pais, poucos dias depois de seu nascimento, conforme foi descrito pelos tabeliães da comissão no processo de beatificação. Para julgar esse episódio, é preciso recordar o forte simbolismo de castidade das abelhas na espiritualidade cristã, e que elas não picam senão quando atacadas ou perturbadas. É natural, também, que se aproximem da boca de uma criança, que se encontra desprotegida ou descuidada. Algum biógrafo acrescenta que certo camponês tentou afugentá-las e ficou imediatamente curado de um braço que tinha ferido. Santa Rita foi, certamente, uma abelhinha branca de Deus, dando a todos a alegria e a doçura do amor cristão.

Outros acreditaram que essas abelhas são da mesma família que ainda mantém seus abrigos nos buracos do velho mosteiro das monjas agostinianas de Cássia; aparecem e desaparecem de tempos em tempos, e transportadas para longe, conforme se comprovou, voltam de longas distâncias para seu lugar. O suposto milagre das abelhas, narrado por Cavallucci e, depois dele, por outros biógrafos, chegou até nós em versões diferentes: uns dizem que eram cinco ou seis abelhas; outros, que eram brancas, e outros não falam de sua cor, assegurando, ao mesmo tempo, que eram diferentes das abelhas que em outros tempos se alojaram nas gretas do mosteiro. Seus devotos viram nisso um sinal profético de Deus, anunciando a futura santidade de Rita. Dizem que tais abelhas não possuem ferrão e não produzem mel. A abadessa do Mosteiro de Santa Rita, Beata Teresa Fasce, fundou, no século passado, um orfanato para meninas, às quais chamava carinhosamente de *abelhinhas*, bem como uma revista intitulada *A Colmeia*, bastante difundida na Itália.

Deus cria-nos a todos por amor e conserva-nos na existência por amor. O nascimento de Rita é uma prova evidente deste amor. Ademais, foi um presente especial do céu para seus pais, unidos pelo matrimônio. O amor dos esposos é o berço mais belo para uma criança. Com seus pais, Rita aprendeu a rezar, a querer bem aos pobres, a levar paz onde há divisão, a ser devota de Cristo crucificado, a perdoar seus inimigos. A fé é transmitida aos filhos através dos pais e se vive no lar. A família mais perfeita que se conhece encontra-se em Nazaré, formada por um varão *justo*, ou seja, um homem chamado por Deus para cumprir uma missão especial, de nome José, e uma mulher *cheia de graça*, chamada Maria, escolhidos por Deus para serem o berço de seu próprio Filho.

Os pais de Rita eram cristãos fervorosos, pessoas de paz na aldeia, para os quais a primeira preocupação foi a educação cristã de sua filha. Seu afã era educá-la no exercício das virtudes cristãs. Não eram sábios, mas sabiam, com Victor Hugo, que "a virtude é um livro que todo pai deve fazer seu filho ler". Já dissemos que Rita herdou deles grande espírito de oração, devoção à Paixão de Cristo e profundo amor ao próximo, especialmente aos necessitados. Exatamente o contrário das crianças de nossos dias, educadas por um pai e uma mãe divorciados. Sua vida desenvolveu-se em uma comunidade de amor, em uma pequena igreja doméstica.

No *Breve relato*, apresentado no processo de beatificação pelo Padre Jerônimo Ghetti, em 1628, e publicado pela gráfica da Câmara Apostólica, assegura-se que Rita se destacou desde a primeira infância pela oração e piedade. Nada nos dizem de sua primeira comunhão. Podemos suspeitar que recebeu o Senhor pela primeira vez aos 12 anos, conforme era o costume naqueles tempos. A igreja de Roccaporena era dedicada a um antigo ermitão chamado São Montano. Sem dúvida, nessa igreja fazia frequentemente sua oração e assistia à celebração da Eucaristia. Igualmente, podemos pensar que foi aí que recebeu seu chamado para a vida religiosa desde sua infância.

Alguns biógrafos escreveram que Rita foi analfabeta, confiando em que esta era a condição da maioria quase absoluta de homens e mulheres naqueles tempos. O mais provável, no entanto, é que Rita soubesse ler e escrever, ajudada, quiçá, por algum professor especial, em uma época em que não existiam escolas. Podemos suspeitá-lo porque uns 20 anos depois de sua morte, no *quadro antiquíssimo*, estava representada com um livro na mão. Além disso, o tabelião de Cássia, Domenico di Angelo, refere-se a ela no documento citado, de 1457, como *muito respeitável irmã e senhora Rita*, o que indica que seus pais gozaram de certa condição social e nobreza. Não é tampouco estranho, portanto, que Rita lesse livros de espiritualidade que, na época, estavam somente nas mãos dos pregadores agostinianos e franciscanos. Provavelmente, teve seu preceptor especial, que a iniciou no conhecimento das letras.

As duas correntes espirituais mais proeminentes nessa época eram a contemplação agostiniana do amor, a devoção à Eucaristia e à Paixão do Senhor. No dia de Corpus Christi, toda a população de Cássia, com suas autoridades à frente, acorria ao Convento de Santo Agostinho, de onde partia a procissão pelas ruas da cidade, levando um relicário com uma hóstia que havia sangrado e molhado as folhas de um breviário, onde um sacerdote a havia colocado. Indubitavelmente, esta procissão multitudinária, que conhecemos pelo Arquivo Histórico Municipal de Cássia, influenciou poderosamente a alma infantil e adolescente de Rita. Essa devoção vinha sendo cultivada pelos agostinianos desde que foi iniciada pelo Beato Fidati.

Nada mais de concreto podemos saber da infância de Rita. Sem dúvida, foram os anos mais fabulosos e felizes de sua vida. A seu respeito, seus pais poderiam dizer com Rabindranath Tagore: "Cada criança, ao nascer, traz-nos a mensagem de que Deus ainda não perdeu a esperança nos homens". Como de todas as crianças, podemos pensar que foi feliz com seus brinquedos e jogos infantis, com suas amiguinhas e viagens a Cássia, em visita a suas igrejas e castelo, ou ao cume do Schiappo. Tendo pais carinhosos, todas as crianças são felizes, gozando unicamente do momento presente. Não lhes preocupa o futuro.

ADOLESCÊNCIA E JUVENTUDE

A infância e a adolescência de Rita são-nos quase completamente desconhecidas. Muitas das coisas que acabamos de escrever, deduzimos adivinhando a conduta dos pais e os costumes da época. Provavelmente, dissemos, aprendeu a ler e a escrever, e seus pais lhe ensinaram todo o necessário sobre Jesus Cristo e a Virgem Maria, a *Madonna*. Nada sabemos de sua primeira comunhão, que então era recebida mais tarde; tampouco seus biógrafos aludem ao sacramento da Confirmação, que pode ter recebido com o Batismo. Apenas nos contam, de forma geral, que era uma criança muito piedosa, caritativa e buscadora da solidão para dedicar-se à oração. Consta que, para satisfazer esses desejos de orar, conseguiu de seus pais um cômodo particular e afastado de sua casa, quando contava apenas 12 anos de idade.

Na linguagem moderna, teríamos de dizer que Rita não teve juventude, se entendemos com isto diversões, amizades, passeios, música, viagens, sonhos etc. Com certeza, todos os biógrafos atestam que havia herdado a simplicidade de seus pais, com um caráter doce e bondoso, cheio de delicadeza no trato com os demais. Seus vizinhos sempre a consideraram uma jovem cheia de encanto, com grandes sonhos de consagrar-se a Deus na vida religiosa. Seu mais ardente desejo era ingressar no convento das agostinianas de Santa Maria Madalena de Cássia, com justa fama pela santidade de suas monjas em toda a região de Perugia, e bem conhecido de Rita, porque eram sacerdotes agostinianos que, juntamente com os franciscanos, atendiam espiritualmente toda a região. No entanto, seus pais haviam envelhecido e requeriam carinhosa atenção.

O respeito e a veneração de Rita, filha única, por seus pais, deveram-se principalmente ao fato de eles a terem levado ao primeiro encontro com Deus. Este pode ser encontrado em qualquer circunstância e através de qualquer coisa, mesmo que de maneira diferente. Os pais veem a Deus nos olhos de seus filhos à medida que estes vão desenvolvendo sua própria autonomia, sem estridências nem sobressaltos. Contudo, um dia surgiu um verdadeiro conflito na alma de Rita, obrigada a escolher entre o seguimento de sua própria vocação para a vida religiosa e a obediência à vontade de seus pais. Nesse momento difícil, a compaixão por seus pais inspirou sua decisão.

Durante sua breve juventude, Rita foi catequista da pequena comunidade cristã de Roccaporena, ensinando às meninas as verdades de nossa fé, e falando-lhes do Salvador, de cuja paixão era profundamente devota, bem como da Virgem Maria, a Mãe de Deus. De seus pais, havia herdado esta devoção e a compaixão pelas crianças pobres e por todo tipo de necessitados. Era voz corrente em Cássia, que chegou a entregar seu manto a determinado mendigo para que se protegesse do frio em dia de inverno. A meditação constante da Paixão do Senhor lhe aconselhava também as mais frequentes práticas penitenciais comuns às almas piedosas de seu tempo.

Pensando em Rita, o poeta alemão Hebbel engana-se quando atribui aos jovens o "crer que antes deles não existia o mundo". Não padeceu da exaltação da fantasia nem da fervura do coração; passou o fugaz período de sua adolescência e juventude espalhando a seu redor o reflexo de seu encanto. Naturalmente, estaria cheia de sonhos espirituais e materiais; seria surpreendida pelo despertar das paixões e desfrutaria de sua beleza. A juventude passa depressa e, para Rita, mais depressa do que para qualquer outra pessoa. A partir da origem de seu nascimento e da educação recebida, devemos supor que esta donzela fosse boa filha no lar, amável e respeitosa com todos. Muito mais do que uma jovem, e nada mais, Rita foi uma esposa jovem durante muitos anos.

O tempo de vida de Santa Rita, os séculos XIV e XV, foi tremendamente caótico na história da Igreja. Uns quatro anos antes de seu nascimento, havia terminado o exílio dos Papas em Avignon, com a entrada solene em Roma de Gregório XI, no dia 17 de janeiro de 1377. Santa Catarina de Sena, dominicana, e Santa Brígida da Suécia pertencem à história com final feliz deste escândalo. Petrarca sentenciou-o, equiparando a estada dos Papas em Avignon ao desterro de Babilônia. O dano causado à Igreja em sua catolicidade foi imenso, com o nascimento dos sentimentos nacionais, especialmente com a chamada Guerra dos Cem Anos, entre 1337 e 1453.

Isto não é o pior. Rita foi contemporânea do Cisma do Ocidente, durante o qual tivemos até três Papas excomungando-se mutuamente; ao mesmo tempo, a Igreja encontrava-se dividida entre três obediências diferentes: dioceses com dois bispos e paróquias com dois pastores eram coisas infelizmente frequentes. Não resta dúvida que tais acontecimentos chegariam ao conhecimento de Rita, bem como as ideais dos conciliaristas, que defendiam a autoridade do Concílio sobre a do Papa. Os esforços do Concílio de Pisa e a solução encontrada no de Constância, com a eleição de Odomo Colonna, com o nome de Martinho V, em 1417, puseram fim a esta trágica situação. Talvez seu espírito de piedade e sacrifício sejam devidos, em parte, ao que sofreu orando pela Igreja durante todo o tempo que durou o escândalo. Nossa santa nasceu, pois, pouco depois de terminar o exílio de Babilônia, viveu durante o Cisma do Ocidente e, além do mais, foi testemunha da definitiva e última separação da Igreja Oriental, depois que os gregos abandonaram o Concílio de Florença (1438-1445). A vida inteira de Rita desenvolveu-se em *tempos fortes*, segundo Santa Teresa.

RITA LOTTI CONTRAI MATRIMÔNIO

Ninguém conhece, nos momentos difíceis de nossa vida, os caminhos de Deus. Rita jamais desistiu de seu intento de consagrar-se a Deus na vida religiosa, ao mesmo tempo que seus pais estavam cada dia mais carentes de atenção, com idade avançada. Nessas circunstâncias, seus muitos pretendentes, atraídos por seus dons de juventude, bondade e beleza, ficariam, um dia, desapontados. Por outro lado, seus pais idosos sentiam-se cada dia mais oprimidos pelo triste pensamento da própria morte, depois da qual Rita ficaria sozinha neste mundo. Este é o problema que mais preocupa todos os pais, quando chegam à última etapa de sua idade e deixam um filho ou filha solteiros, que cuidaram deles. Tudo isto se resolveria seguindo sua vocação religiosa. Por que, pois, casaram-na? A biografia redigida para a beatificação, com os dados trazidos pelas monjas, não responde a esta pergunta. Possivelmente, apenas pensaram que podia ser igualmente piedosa e cristã no mundo.

Antônio e Amada, aconselhados por seus parentes e amigos, propuseram a sua filha, conforme consta no documento citado, contrair matrimônio. Cavallucci afirma que ela, um dia, participando da Eucaristia na igreja dos agostinianos de Cássia, ouviu uma voz interior que a convidava para a vida religiosa com estas palavras: "Eu sou o caminho, a verdade e a vida". Sua simpatia e atração pelas agostinianas do mosteiro haviam nascido nela desde menina. Estes foram grandes momentos de aporia e de perplexidade para Rita, que se prostrava diariamente aos pés de Cristo crucificado.

Podia estar, pois, com pelo menos 12 anos, que era, naquele tempo, a idade mínima exigida pela lei (14 para os rapazes) para contrair matrimônio. A idade mais exata, no caso de Rita, é 14 anos, a mais frequente para as noivas daquela época. A lei proibia também todo tipo de ostentações luxuosas nas bodas. De uma parte, o que mais amava era sua virgindade consagrada a Deus e, por outro lado, a obediência e o amor a seus pais arrastavam-na com a mesma força. O consentimento pessoal deles era igualmente necessário tanto para casar-se quanto para consagrar-se a Deus na vida religiosa. Depois de muito rezar, pedindo luz a Deus, optou por obedecer a seus pais. Estes é que tomaram a decisão, procurando para ela o marido que mais agradava a eles, como era o costume. O homem escolhido pertencia a uma das famílias distintas de Cássia, e havia recebido uma educação cristã. Seu nome era Paulo Fernando di Mancini, ao que parece, filho de um dos guardas do castelo de Collegiacone.

O matrimônio de Rita não foi um drama como o mostram alguns de seus biógrafos. A obediência a seus pais, aceitando o matrimônio proposto por eles, conforme era prática comum naqueles tempos, não constituía impedimento para a existência de um consentimento válido. A obediência respeitosa e carinhosa, por compaixão, está muito longe de ser o temor reverencial irresistível, que teria tornado nulo o matrimônio. Rita era movida pelo respeito e pelo amor a seus pais, não pelo temor. Provavelmente, sua atitude de fé e piedade fê-la crer que, secundando a vontade de seus pais, obedecia a Deus. Esta perturbação não lhe impedia o exercício de sua liberdade, muito menos levando-se em conta a naturalidade imposta pelo costume dos tempos. Esta foi, naquelas circunstâncias, a verdadeira fonte da harmonia e da paz interior na jovem Rita. Seus pais eram, para ela, um reflexo da vontade de Deus. A santidade de sua vida e certos acontecimentos posteriores demonstrarão, mais tarde, que neste matrimônio esteve em ação a mão da providência divina.

Depois que São José e a Virgem Maria encontraram Jesus, com a idade de 12 anos, no templo, diz o evangelista: "Jesus desceu com eles para Nazaré e era-lhes submisso...". Rita foi educada nesta obediência, e desde menina sentiu uma grande veneração por seus pais. Deles conseguiu o cômodo especial, a que já me referi, dentro de casa, uma espécie de oratório, onde podia rezar e fazer suas longas meditações sobre os sofrimentos e morte do Senhor. Ajudava caritativamente aos pobres em nome de seus pais e ensinava o catecismo às crianças. Sempre quis consagrar-se a Deus na vida religiosa e, no entanto, aceitou o matrimônio, obedecendo a seus pais. Podemos supor que contraiu matrimônio na igreja de São Montano de Roccaporena, de triste e trágica recordação para ela, posteriormente, que teve de ali sepultar seus pais, seu marido e seus dois filhos.

Não sabemos quais foram as pompas, a festa e a alegria na celebração desta boda; segundo alguns biógrafos, porém, não foi nem sábia nem acertada. Paulo Fernando era de um temperamento altivo e rude, beberrão e violento, frequentemente envolvido em brigas e discussões. Assim o descrevem estes biógrafos, no rastro de Cavallucci, que se refere a ele como *muito feroz* ou cruel. Parece que trabalhava como vigia noturno no pequeno povoado. Para Rita, neste caso, outra coisa não restava senão sofrer, olhando para o céu, o equívoco de seus idosos pais, pensando precisamente nela. Teria sido uma vítima, como milhões de mulheres de todos os tempos, daquilo a que hoje se chama *violência de gênero*. Ela teria suportado tal condição de vida como fruto da oração, fundamentada em uma fé profunda e em devoção sincera à Paixão do Senhor. Ao mesmo tempo, Deus ajudou-a, concedendo a seu marido um caráter humilde, capaz de reconhecer sua culpa, pedindo-lhe perdão e oferecendo-lhe outras formas de carinho. Além do mais, sempre se considerou indigno de uma esposa tão santa.

Viveram juntos em uma *casinha*, como se diz nas atas do processo de beatificação, provavelmente no moinho de propriedade de seu marido. Deve-se supor também que Rita continuou a cuidar de seus pais, ao mesmo tempo que assistia o marido, trabalhando em alguma coisa, talvez nas lidas agrícolas.

Simonetti descreve Paulo Fernando Mancini como "dado às armas, sensual e pouco bom cristão". Outros acrescentam *violento* e *espancador*. As monjas, no *Breve relato*, qualificam-no como tendo *costumes rudes*, nada mais, e acrescentam que Rita, com sua amabilidade, mudou seu caráter e "viveu com ele em boa concórdia".

Yves Chiron pensa que estas opiniões tão negativas surgiram de uma leitura equivocada da inscrição que existia no primeiro féretro do corpo de Santa Rita, desde 1457, na qual se fala da *paixão feroz*, referindo-se, porém, ao amor de Rita pela cruz de Cristo. Em contrapartida, alega que na biografia do Padre Simonetti, escrita por volta do final do século XVI, cita-se um poema dedicado à Santa pelo Padre Nicolau, poucos anos depois de sua morte, onde se assegura que se casou aos 14 anos de idade e que seu marido era um jovem de Roccaporena *ben disposto ma risentito* [bem-disposto mas irritável]. Era, pois, um jovem, *giovane*, conhecido de Rita, um pouco mais velho do que ela. Seus pais não a teriam casado com um homem "violento, descrente, verdugo, colérico e beberrão", segundo o retrato que fazem dele alguns biógrafos. Os dados biográficos oferecidos pelas monjas em favor de sua beatificação, conforme dissemos, não nos oferecem uma imagem tão negativa desse homem. Podemos pensar, portanto, que Rita, provavelmente, foi feliz com ele durante os dezoito anos de seu matrimônio. Documentos encontrados recentemente demonstram também que seus pais desfrutavam de excelente posição econômica, da qual usufruiu o marido de Rita.

O matrimônio ofereceu a Rita a oportunidade de praticar as virtudes próprias de uma esposa verdadeiramente cristã e santa: a doçura, a afabilidade, a mansidão, o amor com o sacrifício permanente. A Igreja tem nela um modelo de esposa para as mulheres cristãs. Paulo Fernando também ajudou Rita a resistir, permitindo-lhe sempre harmonizar suas obrigações de esposa com outra série de atividades caritativas com as pessoas da comunidade cristã: visitava os enfermos e levava-lhes o consolo na dor, socorria os pobres com os auxílios da caridade, e a cada dia sua piedade colocava-a mais próxima de Deus. De sua parte, nunca deu motivo para que, por sua culpa, se rompesse a paz do lar. Temos motivos para acreditar que o casamento de Rita também foi bom da parte do jovem esposo.

O matrimônio de Rita recorda-nos o de Tobias e Sara (Tb 7,9-16). Rita foi, verossimilmente, uma esposa feliz, não desgraçada, como disseram muitos de seus biógrafos. Existem razões para suspeitar que Rita aceitou o matrimônio por respeito a seus pais idosos, e que se casou com um homem nobre, com meios econômicos e bom cristão. De acordo com as versões antigas, ela procurou agradar em tudo a seu marido e terminou por aproximá-lo mais do Senhor em toda circunstância. No caso de ter sido um marido infiel e descrente, teria levado ao extremo sua resignação recordando Santa Mônica, a mãe de Santo Agostinho, que conseguiu converter ao Cristianismo seu marido Patrício; suas orações, suas obras de caridade com os pobres e o carinho de seus filhos teriam, mais tarde, logrado mudar o caráter de Fernando, na pior das hipóteses.

Não sei se, naquela época, os padrinhos levavam os noivos para o casamento; estou seguro, porém, de que não faltaram os melhores padrinhos com nome masculino e feminino: o amor e a estima mútuos. Rita assegurava o que mais torna feliz um bom esposo, que não é a beleza, mas a virtude. Não se casou com um amigo, ou com um amante, como sói acontecer frequentemente na idade moderna; casou-se com um homem que era jovem também e, provavelmente, bom cristão. Esta mulher humilde, simpática, risonha e carinhosa, e este jovem esposo, que tiveram de começar a conhecer mutuamente a maneira de ser de cada um, desde o primeiro momento contaram com a bênção da Igreja e a graça de Deus.

NASCEM OS FILHOS

Os biógrafos que têm visão negativa de Fernando completam-na com outras explicações. Os sofrimentos de Rita converteram-se, um dia, em alegria. Deus escutou suas incessantes orações pedindo-lhe a conversão de seu esposo. Este mudou por completo seu mau temperamento, vencido pela bondade e pelas virtudes de Rita. Como acontece com tantos pais de família, a oportunidade surgiu também com o nascimento de seu primeiro filho. Rita deu à luz um lindo bebê, ao qual, em seu Batismo, deram dois nomes cristãos: João Tiago, *Gian Giacomo*. A ternura e o carinho para com esta criança, bem como as ternuras e os carinhos da mãe modificaram, paulatinamente, a conduta do marido. A mudança foi completa quando Rita deu à luz, dois anos mais tarde, seu segundo filho, que receberia o nome de Paulo Maria, *Paolo Maria*. Puderam ser batizados na Igreja de São João Batista, como a mãe, ou talvez em Santa Maria della Pieve, de Cássia. A conversão verificou-se, segundo esses autores, mudando-se a arrogância em doçura, a aspereza em amor, esbanjando carinho por seus filhos e por sua esposa. Isto, porém, não aconteceu a seus antigos amigos e inimigos. Os meninos estavam com 10 ou 12 anos quando morreram os pais de Rita.

Os filhos pequenos não pensam nas preocupações dos pais; ao contrário, vivem do coração deles e sabem agradecer-lhes. São queridos porque são pedaços de seus pais, e cabe a seus progenitores iniciá-los na prática das virtudes cristãs. Quando os filhos são mais velhos, costumam fazer com seus pais idosos o que os viram fazer com eles. De acordo com isto, para os pais, trabalhar por eles e deles cuidar com carinho é fazê-lo para si mesmos. Estas, ou semelhantes, seriam as preocupações desse jovem matrimônio de Rita e Paulo Fernando.

Rita pôde dedicar-se a cuidar e educar seus filhos sem sobressaltos e sem que nada perturbasse sua paz. A maternidade fizera-a completamente feliz, e podia cumprir com alegria seus deveres de mãe. Contava com as duas principais qualidades do melhor dos pedagogos: o amor de mãe, o de mais altos quilates conhecido, e a delicadeza de uma santa. As duas juntas formam o coração do mais puro amor. Ambas são imprescindíveis para corrigir as más inclinações dos filhos e conseguir que pratiquem as virtudes cristãs. Educar de maneira cristã significa tirar deles o melhor de sua alma, inclinada por natureza, segundo Tertuliano, para a verdade cristã.

Os conselhos que Rita podia oferecer a seus filhos eram sempre acompanhados pelo exemplo de sua vida. Rita continuou com as obras de piedade de sua infância e adolescência. Assistia com frequência à celebração da Eucaristia no Convento de Santa Maria Madalena de Cássia e, possivelmente, praticava com a mesma frequência o sacramento da Reconciliação, tão querido por ela desde que o aprendeu de seus pais, os reconciliadores do lugar. Faria também, conforme já observamos, assíduas leituras espirituais, e não é temerário pensar que algum sacerdote agostiniano fosse seu diretor espiritual. Podemos imaginar também que celebrava todos os anos, com grande devoção, a festa e a procissão de Corpus Christi pelas ruas de Cássia, ou que fazia suas visitas às ermidas dos arredores, em uma das quais se encontrava ainda um afresco de Cristo, saindo da tumba no dia de sábado santo.

Graças à sua fé e à sua piedade, não o duvidemos, Rita foi feliz no matrimônio. Não podia ser menos com um marido que, segundo dissemos, era bom, de excelente situação econômica e ambos gozando de plena juventude. Nada podia impedir a felicidade desta mulher profundamente crente. Possivelmente, sua maior preocupação consistia em dar bom exemplo a seus filhos, solucionar as dificuldades que podiam surgir em sua educação e, talvez, algum conflito público devido ao caráter oficial do trabalho de seu marido. As relações diretas com seu esposo foram sempre boas e jamais impediram sua vida de piedade, as obras de caridade com os necessitados e o múnus de pacificadora entre as famílias encontradas. Encarou as contrariedades com valentia e dignidade, interessando-se principalmente por seu marido e por seus filhos. O matrimônio não depende somente das conveniências econômicas, familiares, sociais etc.; cumpre uma missão divina da qual depende, principalmente, seu êxito. Por essa razão, Rita se preocuparia principalmente em compreender, desculpar e fazer com que seu esposo se aproximasse mais de Deus.

Rita foi mulher e esposa abnegada, buscando sempre, repetimos, agradar a seu esposo a fim de que se mantivesse próximo de Deus. Nem é preciso dizer que seu amor por seus filhos foi terno e carinhoso como o de todas as mães, sendo, desse modo, o centro e a alegria do lar em

Roccaporena. Pouco a pouco, talvez, a bondade de sua esposa e a inocência dos filhos foram melhorando Paulo Fernando e fazendo-o mais caseiro e afetuoso com sua família diante da felicidade e da satisfação de Rita. Tudo transcorria pelo bom caminho, os quatro unidos em um límpido amor; contudo, isto não parecia estar conforme os planos da Providência. Até pareceria que Rita havia conseguido criar uma pequena *igreja doméstica* em sua própria casa: os esposos cumpriam perfeitamente a missão encomendada por Deus, e os filhos satisfaziam plenamente a felicidade dos pais. Todos desfrutavam de paz.

Para educar bem os filhos não é necessário ser pedagogos, basta ser bons esposos nos quais os filhos vejam amor, e bons pais, que desejam para eles o melhor. Na realidade, eles são sacerdotes, que governam sua família como representantes de Deus. A educação consiste em fazer pessoas mais semelhantes a Deus no conhecimento progressivo da verdade e no amor e na entrega aos demais. É preciso amar os filhos com amor de Deus, que também os ama, e que o amor dos pais se estenda também aos amigos, aos professores e a quantos colaboram em sua educação, defendendo-os do meio ambiente adverso. Isto era bem compreendido na casa de Rita, sem que ela e seu marido fossem profissionais da pedagogia. No entanto, sabiam que a família é a primeira célula do Reino de Deus na terra. Este é o princípio fundamental da pedagogia na família cristã. Rita estava consciente de que, quando a vida de uma família se inspira neste princípio, tudo caminha ordenadamente nessa comunidade de amor, porque é Deus quem dá o amor e quem o cura de suas enfermidades. Campoamor escreveu:

"Quando uma mãe beija um filho amado, beija ao mesmo tempo o amor do qual nasceu" e, devemos acrescentar, o amor recebido de Deus.

Não podemos esquecer-nos de seus pais idosos, que provavelmente desfrutaram de seus netos por pouco tempo. A tragédia sofrida por Rita, dezoito anos depois de ter contraído matrimônio, atrai mais a atenção de seus biógrafos do que as condições de seus pais. Tampouco sabemos quantos anos viveram depois do matrimônio de sua filha, mas estamos autorizados a pensar que ela continuou a assisti-los na bem avançada terceira idade deles, para aqueles tempos, com o mesmo carinho que lhes havia demonstrado quando em casa. Todos os achaques chegam juntos na velhice e, sem dúvida, a jovem esposa continuou fazendo todo o possível em favor deles. Vivendo em uma pequena aldeia, não podia ficar indiferente à solidão dos pais. Da sua parte, carecia mais do que nunca das palavras e da sabedoria da ancianidade deles, visto que eram para ela como um livro escrito, que todos os jovens devem ler com assiduidade. O silêncio dos biógrafos obriga-nos a acreditar que, provavelmente, haviam morrido antes de Rita tornar-se viúva.

ASSASSINATO DE SEU ESPOSO

Cássia era uma república independente da que dependia Roccaporena. Graças à documentação apresentada pelos biógrafos da Santa, pudemos ficar sabendo que a capital comunicava-se ao norte com Milão e Florença, ao sul com Nápoles e, seguindo a rota do Tibre, com Roma, bastante desprestigiada devido à ausência do Papa durante o cativeiro de Babilônia e o desventurado Cisma do Ocidente. A pequena república estava corrompida pela delinquência, pelos ódios, pelas vinganças e inimizades. A paz social e a segurança das pessoas viam-se ameaçadas por todo lado. Os serviços públicos eram tão escassos que existiam os *pacificadores*, a cujo grupo pertenciam os pais de Rita, e os guardas-noturnos para vigiar as cidades à noite, que era, provavelmente, o trabalho de seu marido em Roccaporena.

O ambiente religioso devia-se a franciscanos e agostinianos que tinham seus respectivos conventos, com grande influência de seus pregadores em toda a zona. Uns e outros defendiam, em sua teologia e em sua pregação, a primazia do amor na vida, colocando Jesus Cristo no centro de tudo. Dos franciscanos e de seus pais, Rita aprendeu a devoção a Cristo crucificado; e dos agostinianos, o amor a todas as pessoas, inclusive aos inimigos. De ambos os conventos saíram famosos pregadores e mestres de vida espiritual que figuram no Santoral. Sua pregação deixou vestígio profundo na alma de Rita.

No entanto, tinha sua predileção pelos agostinianos, atraída, talvez, pela fama do Bem-aventurado Simão de Cássia, grande asceta e escritor fecundo de espiritualidade, que havia fundado vários mosteiros de monjas agostinianas. Cássia havia dado à Ordem um superior-geral chamado Nicolau de Cássia, cujo governo durou de 1402 a 1412. Contudo, o fascínio de Rita estava centrado, desde menina, no Mosteiro de Santa Maria Madalena, que desfrutava de justa fama pelo grande número de monjas de profunda vida espiritual e pelas obras de caridade que exerciam entre todos os necessitados da cidade e arredores. É possível também que sua atração por esse mosteiro se devesse a que nele vivia uma monja chamada Catarina Mancini, talvez, conforme o nome leva a pensar, tia, irmã ou prima de seu marido.

Rita podia dar graças constantes a Deus, sentindo-se inteiramente feliz como esposa e como mãe. Um dia, porém, chegou-lhe a mais triste notícia: seu marido havia sido assassinado às margens do Rio Corno; outros pensam que em seu próprio moinho: neste caso, Rita pôde ouvir os gritos da vítima. Não sabemos com certeza se essa morte foi o resultado de uma briga política, consequência de uma briga ocasional ou uma vingança. Na biografia escrita para sua beatificação com os dados oferecidos pelas monjas, alude-se ao temperamento violento de seu esposo. Alguns biógrafos suspeitaram de que não se defendeu, seja porque não trazia armas, seja porque foi à traição. Talvez não tenha passado de uma vingança pessoal por motivos políticos. Algum autor atreveu-se a pensar que havia pertencido ao partido dos *gibelinos*, contrários ao domínio do Papa em Cássia, e que os havia abandonado. Trata-se de suspeitas totalmente desprovidas de fundamentação histórica.

Os peregrinos que acorrem a Cássia podem ver o lugar onde, segundo a tradição, Paulo foi assassinado, bem perto de Roccaporena. Seria por volta do ano 1413, aos 32 anos de vida de Rita e dezoito de matrimônio. O motivo do assassinato, as armas empregadas e a data permanecem um mistério. Rita, no entanto, sabia-o. Era a maior dor que até então havia tido de suportar, muito superior à que sofreu com a morte de seus pais ou com os desprezos e maus-tratos de seu marido, caso esteja certa a hipótese de alguns de seus biógrafos. Acostumada a temperar sua alma ancorando-a em Deus, restava-lhe a resignação cristã, pensando nos sofrimentos redentores de Cristo e da Virgem Maria com o corpo de Cristo em seus braços. Podemos imaginar o dilaceramento e o pranto de uma esposa sobre o corpo do pai de seus filhos, estendido sobre um charco de sangue. Recuso-me a descrever a cena.

Os santos são os que melhor reagem nestes casos, sem necessidade de psicólogo. Levantam os olhos para o céu e, como dizem os biógrafos a respeito de Rita, pedem perdão e rezam pelos assassinos. Tinha certeza de que seu marido e pai de seus filhos se encontrava com Deus. Foi assassinado quando era mais feliz com ele. É aqui o momento em que se manifesta que Rita era a *mulher forte* de que nos fala a Bíblia. Perdoou os assassinos, como Jesus na cruz, e pediu a Deus, em suas orações, que levasse seus filhos antes que vingassem a morte do pai. Sem dúvida, é o ato mais heroico para uma viúva e mãe de dois filhos.

Todos os documentos usados pelos críticos modernos na hora de confeccionar uma biografia de Santa Rita nos asseguram que fez esforços insuspeitados não somente para perdoar, como também para que o assassino fosse perdoado por seus parentes e pelos familiares de seu marido. Contudo, com o perdão de Rita, o problema não se resolveu. Naquele ambiente de vinganças contínuas, ninguém podia eliminar estes sentimentos dos irmãos e dos parentes de Fernando, tampouco de seus filhos, estimulados por estes. O relatório apresentado pelas monjas para sua beatificação assevera que "pedia a Deus o perdão com assíduas orações". Um dos testemunhos no processo de beatificação, Antônio Cittadoni, trouxe uma tradição que havia sido passada de boca em boca em sua família, segundo a qual Rita "rezava a Deus por aquele que havia matado seu marido e havia escondido sua camisa completamente ensanguentada depois do assassinato, para que seus filhos não tivessem a tentação da vingança". Tudo isso o atesta também um afresco de 1462, conservado na Igreja de Santo Agostinho de Norcia, no qual se vê uma religiosa encomendando um malfeitor ao Senhor. Tudo parece indicar que se trata da efígie da Santa.

Rita foi discípula fiel do Mestre, que morreu pedindo ao Pai perdão pelos que o haviam crucificado. O ambiente vingativo de sua terra havia cravado em seu coração o preceito de Jesus: "Amai os vossos inimigos e fazei o bem aos que vos odeiam. Falai bem dos que falam mal de vós e orai por aqueles que vos caluniam" (Lc 6,27-28). Não há maior sinal de respeito pela dignidade da pessoa humana. Essa mulher de Cássia amava profundamente seus filhos, amava igualmente seu marido; haviam-lhe provocado a maior desgraça imaginável, mas ela havia aprendido aos pés de Cristo a "amai-vos uns aos outros, assim como eu vos amei" (Jo 15,12). Esta é a verdadeira base do *Não matarás* e o sentido completo do quinto mandamento. Um punhado de homens e mulheres com a personalidade de Rita bastaria nos momentos mais graves da história para garantir à humanidade um mundo de justiça e paz.

Jamais saberemos se Rita leu as *Confissões* de Santo Agostinho. Teremos que deixar isso no campo da mera probabilidade. Talvez tenha lido devagar esta passagem do Santo: "Bem-aventurado o que te ama, Senhor, e ao amigo em ti, e ao inimigo por ti, porque não poderá perder o amigo que considera a todos como amigos. E quem é este senão nosso Deus?". Santa Teresa disse que Deus *ficava entre as panelas*, os cientistas modernos preferem dizer que se encontra *entre os nêutrons*, Santa Rita nos assegura que está também no coração dos assassinos.

Devemos afirmar que poucas pessoas fizeram ou desejaram tanto bem ao gênero humano como Rita. Ninguém seria hoje melhor candidata ao Prêmio Nobel da Paz, ainda que tenhamos motivos para pensar que não seria dado a uma mulher assim, somente conhecida na aldeia de Roccaporena. O bem mais importante da criação é a vida humana. Se não há vida, não há pessoa. Defende-se aqui o direito à vida, mais claramente, o direito a recebê-la e a obrigação de respeitá-la. No mundo moderno, o egoísmo estendeu por toda a parte a *cultura da morte*. A maioria dos milhões de mortos, de todo o mundo sequer tem direito a um simples caixão. A mensagem de Rita ao ser humano é hoje mais atual do que nunca: o amor e o respeito à vida humana, inclusive a dos criminosos e inimigos, acima de tudo.

MORTE DE SEUS FILHOS

A dor dessa mulher tão forte pela graça de Deus não se findou com a morte violenta e dramática de seu marido. O perdão outorgado aos assassinos tampouco pôs um ponto final às missas oferecidas e ao luto de muitos dias; ao contrário, este foi se reavivando e crescendo, anos depois, quando Rita observou que seus filhos confabulavam entre si, planejando a vingança de seu pai com a morte dos assassinos, cujos nomes eram bem conhecidos entre a vizinhança. Era a *lei da vendeta*, frequentíssima em Cássia por aquelas datas, a ponto de ser a preocupação mais urgente das autoridades. Aqui se pôs à prova o heroísmo da mãe. Que fazer para que seus filhos não se maculassem com o sangue de uma vingança? Seriam descobertos pela polícia e condenados à morte? Rogos, conselhos, pranto, súplicas, apelos à fé cristã, tudo fracassava diante da obstinação de seus filhos, que só esperavam atingir a maioridade para levar a cabo suas intenções. Haviam herdado um grande amor e respeito por seu pai. Calcula-se que podiam ter entre 10 e 12 anos quando o pai fora assassinado.

Rita sempre teve o cuidado de aproximar seus filhos de Deus. A palavra "mãe" evoca sempre o mais terno, límpido e profundo amor. Contudo, enquanto cresciam, também ia crescendo neles o desejo de vingança. À pobre mãe, restava somente o recurso da oração. No segundo livro dos Macabeus (7,20-29), narra-se um caso de mãe bem conhecido por Rita. Os filhos enriquecem o amor dos pais entre si quando o amor a esses filhos é abençoado por Deus. Somente com esse tipo de amor são queridos com o amor dessa mãe. O amor verdadeiro é pouco loquaz, e o mais autêntico encontra-se nas almas mais belas. Rita queria que seus filhos tivessem bom coração, ciente que estava de que, no futuro, seus filhos seriam bons esposos e bons pais se o tivessem visto nela. A vingança é própria de homens selvagens.

Restava somente o recurso da oração, a ajuda especial de Deus. Rita recorreu a Deus praticando o ato mais heroico de uma mãe: oferecer a própria vida para não ver seus filhos convertidos em assassinos. Deus, porém, não escutava sua oração, e ela precisava pensar em outro meio. Assim, esta mãe desesperada começou a pedir a Deus que levasse seus filhos deste mundo, para que não derramassem sangue humano, mesmo pensando que ficaria sozinha, praticamente abandonada na sociedade daquele tempo. O citado *Breve relato*, com as tradições coletadas junto às monjas de Cássia, assegura tudo isso. Oferecia a Deus o sacrifício maior para uma mãe: a vida de seus únicos filhos, depois de rezar e lutar para arrancar o ódio de seus corações.

Desta vez Deus escutou sua oração, mesmo que lhe tivesse pedido para romper-lhe o coração, privando-a deles. Com um intervalo de meses, *menos de um ano*, afirma Cavallucci, um após outro, de causas naturais desconhecidas, tão frequentes naquela época, por motivo, talvez, de uma epidemia que assolou toda a Europa por aquelas datas, seus dois filhos entregaram sua alma a Deus, após sua mãe ter conseguido deles que perdoassem os assassinos do pai. Rita teve de enterrar seus filhos queridos, antes que eles chegassem à juventude. Em contrapartida, havia conseguido que Deus os levasse sem manchar suas almas com o pecado do sangue, sem sofrer a dor de uma vingança. A solidão da Virgem Maria, finda a prova do Calvário, na tarde da primeira Sexta-feira Santa, era agora a solidão de Rita: sem pais, sem marido e sem filhos. O caminho do claustro parecia desobstruído, posto que com terrível dor.

Esta solidão de Rita, sem esposo, sem filhos, sem pais, é a que mais se parece com a solidão de Maria, repetimos, depois do Calvário. Podemos pensar que teria conhecido também os louvores que Santo Agostinho fez a sua mãe nas *Confissões* (9,9-11). Viveu sua solidão orando em casa, acompanhada por Deus. Isto lhe deu mais tempo para agir como *pacificadora* entre as famílias, atender aos pobres e aos enfermos, ensinar o catecismo às crianças, suspirando cada dia mais por consagrar-se ao Senhor na clausura. No entanto, as monjas agostinianas de Cássia negaram-se por três vezes a recebê-la, alegando que não era costume admitir viúvas, até que Deus realizou o milagre. Ela sabia que Deus se apresentava no Antigo Testamento como protetor de viúvas, e conhecia perfeitamente os casos da viúva de Sarepta e o profeta Elias, o de Ana, a profetisa (Lc 36,38), e a proteção e veneração que Cristo lhes dispensou em sua vida (Lc 7,12-19; 21,1-4; 18,2-5). Era preciso continuar rezando.

A consciência da companhia de Deus tinha que romper o terrível isolamento ao ver-se privada das pessoas mais queridas. Havia compreendido antes de São João da Cruz este conselho do místico espanhol: "Porque não se encontra o amado senão unicamente fora, na solidão". A pessoa humana só está sozinha quando se esquece de Deus. Era preciso que Rita voltasse à convivência de Cristo, de seu Deus. Agora podia trancar-se em seu quarto, durante a noite, depois de fechar a porta da casa, apagar a luz, e não estaria sozinha. Desse modo, seria possível continuar a amar seu esposo e seus filhos, desfrutando de seu próprio coração. Então podia dizer com Chateaubriand: "Não sabemos o que é o consolo do coração senão quando ficamos sozinhos". No caso de Rita, eram os consolos de Deus, elevando-a sobre a terra. Havia compreendido o apóstolo São Paulo: "Mas a que é verdadeiramente viúva e está desamparada depositou a sua esperança em Deus e persevera, noite e dia, em súplicas e orações" (1Tm 5,5). Sublime forma de fugir de amores provisórios.

Uma nova circunstância veio ferir o coração de Rita. A família Mancini indignou-se gravemente contra ela por não querer revelar o nome do assassino. Sua solidão e sofrimentos aumentaram, quando se viu obrigada a deixar a casa familiar no centro de Roccaporena, recorrendo a seus próprios bens, herdados de seus pais e de seu marido, para instalar-se em outra nos arredores da aldeia. Podemos imaginar-lhe a dor ao ver-se abandonada e desprezada por ter concedido generosamente o perdão ao autor ou autores do vil assassinato.

Nessa segunda casa, existia uma capela, quando se celebrou o processo de sua beatificação. Rita contava com mais de 32 anos de idade, e tudo a levava a pensar na entrada no convento. Existe uma montanha de mais de 100 metros de altura, com uma ponta de rocha no cume, nas cercanias de Roccaporena, o Schioppo, na qual se edificou uma capelinha, onde se acredita que a jovem viúva ia pedir os consolos de Deus. Sua peregrinação de solidão estender-se-ia também pela ermida da Santa Cruz e pelo convento de Santa Maria Madalena, das monjas agostinianas.

Contemplando a vida de Rita sob o ponto de vista puramente humano, dir-se-ia que ela poderia vir a se tornar uma mulher amargurada e ressentida. Desde sua infância, sendo filha única e sem irmãos com os quais partilhar brinquedos e alegrias, educada por pais profundamente piedosos e excessivamente preocupados, podia ter alimentado sentimentos de rebeldia e egoísmo. Muito pelo contrário, sua generosidade para com os pais e os necessitados atinge altura sobre-humana, perdoando até mesmo os assassinos de seu esposo. É o que mais se assemelha ao amor de Cristo na cruz, pedindo ao Pai perdão para os que o crucificaram. Podia ter-se rebelado contra seus pais, opondo-se ao matrimônio planejado por eles, mas não o fez. Nenhum de seus familiares a defendeu nesse momento. A seu respeito, diria São Paulo, como a propósito do Mestre: "Aprendeu a obedecer pelos sofrimentos". Opôs-se ao mal com o bem, até o extremo de renunciar a seus filhos pelo amor de Deus. Muitas pessoas piedosas queixam-se a Deus quando a morte as separa de um ser querido ou veem outros mais felizes do que elas, chegando a julgar-se castigadas por Deus. Nas piores circunstâncias, Rita considerou-se amada por Deus e correspondeu com a máxima generosidade a esse amor.

Rita havia deixado um rastro de santidade na condição de esposa e mãe; agora teria que deixar esse mesmo exemplo na viuvez. No calendário dos santos cristãos, figura como modelo para jovens, esposas, mães e viúvas. Agora podia dedicar-se com mais empenho à oração, à visita aos enfermos e a ajudar os pobres. Outra de suas tarefas foi estabelecer a paz entre sua família e a dos assassinos (ou assassino) de seu esposo. Para orar, gostava de retirar-se a uma gruta perto de sua casa, passando ali horas a dialogar com Deus. Realizava obras de penitência, pensando na Paixão do Senhor. Nessa situação de solidão, volta a renascer em sua alma o desejo de consagrar-se a Deus entre as religiosas agostinianas de Cássia. Com este desejo, solicitou o ingresso no Mosteiro de Santa Maria Madalena, mas lhe foi negado. Insistiu duas vezes mais e obteve sempre a mesma resposta, pois aquelas monjas costumavam receber somente jovens solteiras. Talvez a morte violenta de seu marido as fizesse duvidar de Rita. Agora, à sua solidão, acrescentava-se mais uma fonte de sofrimento.

É possível que o esposo de Rita tivesse morrido vítima de bandos rivais, que mantinham em conflito as famílias de Cássia e da vizinhança. Rita entregou-se a suas práticas religiosas, dedicando muito tempo à oração e à reconciliação das famílias afrontadas pelo ódio e pelas vinganças. Cada dia se tornava maior sua dedicação às obras de caridade com os pobres e necessitados, ao passo que crescia em seu interior a vontade de consagrar sua vida inteiramente a Deus no convento das agostinianas de Cássia.

As mães sem filhos e as viúvas são as mais chamadas por Deus à santidade. Na mística cristã, Deus é seu esposo e o melhor Pai de seus filhos. A viúva opta pelo Senhor, colocando-o no centro de sua vida, ocupando o lugar de seu esposo e de seus filhos. Deus era seu melhor esposo.

Com razão, escolheram os místicos essa imagem de Deus-esposo para expressar o mais puro amor.

As desgraças haviam-se acumulado sobre Rita com a morte, em pouco tempo, de seus pais, marido e filhos. Balmes deixou escrito: "A morte de uma pessoa querida ou outra desgraça dessas que deixam no coração um vestígio profundo, predispõem o espírito a pensamentos sérios e conferem aos sentimentos uma direção religiosa". Seus entes queridos haviam sido arrebatados pela morte, e em Rita brotaram os sentimentos em direção a Deus, que agora os custodiava. A noite das tumbas deles havia iluminado as manhãs dela. Suas boas ações de fé, esperança e amor impediam que se apagasse a tocha que a iluminava no caminho até a outra vida. Depois de tantas tragédias consecutivas, sua esperança era agora mais forte do que nunca. Cada dia era, para ela, o último da vida.

AS CIRCUNSTÂNCIAS DE SUA VOCAÇÃO

Para compreender a vocação religiosa de Rita e sua espiritualidade, espero que meus leitores me permitam iniciar este parágrafo narrando brevemente a história da ordem agostiniana e recordando seus santos. O Convento de Santa Maria Madalena de Cássia, no qual entrou milagrosamente esta viúva e mãe de dois filhos mortos em 1407, pertencia à ordem de Santo Agostinho.

Alguns pesquisadores têm-se perguntando por que Rita insistiu tanto para entrar nesse mosteiro, em vez de escolher o de Santa Luzia, também das agostinianas. Há muito tempo existem provas de que, por aquela região da Úmbria italiana, haviam passado ermitãos agostinianos, e desde 1281, já existia em Cássia um mosteiro. Trata-se, porém, de uma longa história.

A regra que Santo Agostinho compôs para os mosteiros que ele mesmo fundou, como leigo, na casa paterna de Tagaste e, já como sacerdote, em Hipona, compreende duas partes diferentes: um breve prólogo sobre a observância monástica e uma consideração sobre a vida comum. Encontra-se na Epístola 211, dirigida a um mosteiro de mulheres consagradas a Deus. Essa regra estendeu-se rapidamente pelos mosteiros da África e, depois da invasão desta pelos vândalos, espalhou-se pela França, Itália e Espanha.

Nela inspirou-se São Bento, o pai do monaquismo ocidental. O monaquismo agostiniano floresceu principalmente nos séculos X a XII, difundido principalmente pelos cônegos de Santo Agostinho, sacerdotes seculares que praticavam a vida comum e exerciam o apostolado nos povoados e cidades. Na zona central da Itália e pela Úmbria, o espírito desta regra inspirou a vida de muitos eremitas, quer vivendo sozinhos, quer em pequenas comunidades.

O Concílio IV de Latrão (1215) julgou conveniente insistir que toda a multidão de comunidades diferentes se associassem entre si. Em meados do século XII, seguindo um chamado semelhante do Papa Inocêncio IV, constituía-se na Toscana a primeira federação de ermitões agostinianos e, em março de 1244, elegiam o primeiro superior-geral. Permaneceram as diversas agrupações de cerca de 200 conventos agostinianos de toda a Europa, até que, por fim, o Papa Alexandre IV publicou, no dia 9 de abril de 1256, a bula *Licet Ecclesiae Catholicae*, pedindo-lhes que se unissem todos no que hoje é uma única ordem, com um único superior-geral, tal como se conhece na atualidade. Mais de 3 mil agostinianos do sexo masculino, pertencentes a esta família religiosa, trabalhando em diversos ministérios apostólicos espalhados por todo o mundo.

A existência de agostinianos em Cássia, tanto eremitas quanto cônegos regulares com vida comum, é muito anterior à grande união de 1256. Tiveram sob sua responsabilidade várias igrejas, entre elas uma dedicada a São João Batista, de onde provém esta devoção de Santa Rita, e um convento no centro da cidade, junto ao palácio das autoridades municipais. Deste convento saiu o bispo de Sardenha,

João de Cássia, grande especialista nas Sagradas Escrituras, e outra personagem célebre, Nicolau Saraceni, mestre em teologia, que foi geral da ordem e, depois, bispo de Recanati. Provavelmente, Santa Rita conheceu e até pôde ter tido contato com essa famosa personagem agostiniana.

O conhecimento e a espiritualidade dos agostinianos explicam também a devoção de Santa Rita a São Nicolau de Tolentino, o santo mais querido na ordem, grande asceta e homem austero, contemplativo e de oração constante, dedicado generosamente à caridade para com os necessitados e trabalhador incansável no ministério sacerdotal. A Igreja canonizou-o vinte anos depois de sua morte, após de recolher o depoimento de 371 testemunhas que o haviam conhecido. Tolentino, nas Marcas, relacionava-se muito bem com a república de Cássia.

Provavelmente influenciou também na devoção de Santa Rita à Paixão do Senhor outra santa agostiniana, Santa Clara de Montefalco, nascida perto de Cássia e falecida uns setenta anos antes de seu nascimento. Essa Santa fez-se famosa por suas duras mortificações, amor a Cristo na cruz e à Eucaristia. As monjas de seu mosteiro mandaram extrair de seu corpo o coração, após sua morte, para conservá-lo como relíquia, ficando todos maravilhados – médicos, teólogos e milhares de fiéis – ao observarem que estavam gravados nele os instrumentos usados na morte do Senhor. O próprio vigário-geral da diocese, que havia ido para conceder a aprovação ao mosteiro por levar a bom termo esta iniciativa, vendo o coração com seus próprios olhos, ficou convencido do milagre. Rita poderá ter tido conhecimento de tudo isso através dos pregadores agostinianos. Cássia e Montefalco distam entre si apenas uns 30 quilômetros.

Com certeza, esses pregadores agostinianos fizeram Rita conhecer, quando jovem e mãe, outros santos e capelas da ordem nas proximidades de Cássia. No povoado de Santa Anatólia, havia nascido o Bem-aventurado Ugolino, que entregou sua vida à solidão e à penitência em uma ermida às margens do Rio Corno, que passa por Roccaporena. Em Cássia, havia nascido, em 1285, outro bem-aventurado agostiniano, Simão Fidati, pregador incansável por todas as cidades da Itália, de norte a sul. Homem culto e teólogo eminente, que escreveu profundas reflexões sobre o amor e sobre a vida afetiva em relação à vida espiritual. Simão Fidati havia fundando uma associação piedosa, que existia em Cássia durante a vida de Rita, *Amigos do bom Jesus*, cujos membros meditavam nos sofrimentos de Cristo a partir do amor. É patente a influência dos escritos deste homem em Santa Rita. Não se pode descartar tampouco que nossa Santa possa ter sido membro dessa associação religiosa.

Além disso, porém, os agostinianos têm outro eremita, honrado por eles como bem-aventurado, que é quase originário de Cássia, João de Chiavino. Era filho do duque de Chiavino, tendo renunciado, em sua juventude, aos estudos e à riqueza e se retirado para um eremitério agostiniano. Ordenado sacerdote, exerceu seu ministério entre os pastores e camponeses da região. Esses santos agostinianos são quase contemporâneos e concidadãos de Rita. Nós os recordamos porque nos ajudam a compreender a espiritualidade dela.

As agostinianas de Cássia estão ligadas também ao passado das eremitas e cônegas que, naquela região, séculos antes, seguiram a regra de Santo Agostinho. No tempo de Rita, as agostinianas tinham, em Cássia, dois conventos. Não sabemos a origem do Mosteiro de Santa Maria Madalena, no qual Santa Rita fez sua profissão como religiosa agostiniana. É possível que seja do mesmo tempo que o convento masculino de Santo Agostinho de Cássia; ambos entrariam na grande união de 1256 para fazerem parte da ordem. O outro convento de Cássia era dedicado a Santa Luzia. Contava com uma dezena de monjas, e não consta que Rita tivesse relação especial com elas, ainda que também fossem agostinianas.

Temos de recordar, mais uma vez, outras circunstâncias contemporâneas da vida de Santa Rita que influenciaram poderosamente seu espírito. Referimo-nos já ao desterro de Avignon e ao Cisma do Ocidente, que foram duas autênticas catástrofes para a Igreja. Devemos recordar também a peste negra, que dizimou a Europa desde 1348 até 1351. Avignon e o Grande Cisma dividiram a cristandade, mas tanto ou mais dano que estes escândalos causaram à Igreja os Papas, os cardeais e bispos, clérigos e religiosos preocupados uns pelo domínio temporal da Igreja, outros pelas ciências meramente humanísticas e pelas artes, abandonando os problemas da evangelização e da espiritualidade da Igreja. Em razão da cisão da Igreja entre dois ou três Papas, a ordem agostiniana dividiu-se também, com dois gerais litigando para dirigi-la, segundo as simpatias dos religiosos pelos Papas. Esta situação produziu, ao mesmo tempo, o bom efeito de muitos religiosos que suspiravam por uma vida mais austera e de maior observância, com exigência de maior vida espiritual. Dentro dessa corrente, o Senhor providencialmente colocou Santa Rita.

Durante os setenta anos que durou o exílio de Avignon, a história da Igreja se desdobrou envolta em misérias e pecados que causaram grande escândalo nos fiéis. No tempo desse Cisma, os Papas estiveram ao capricho da política dos reis franceses, produzindo-se concomitantemente um tremendo relaxamento dos costumes. Na história, esse período é chamado de "Idade do Ferro do Pontificado". A admiração pelas obras literárias da Antiguidade do Renascimento contribuiu para o desenvolvimento da teologia nas universidades, assim como da literatura e da arte cristãs. No entanto, tanto o Humanismo quanto o Renascimento provocaram, em alguns de seus seguidores, uma verdadeira ruptura com a fé cristã. Wycleef e Hus já haviam sido condenados no Concílio de Florença (1414-1418), colocando as bases do Protestantismo posterior. Foi este tempo um verdadeiro *kairós* da graça de Deus.

Todavia, para além dessas circunstâncias, está a mão providente de Deus. Levando em conta o espírito contemplativo de Rita e a força de sua vocação, nascida na adolescência, não é estranho que se tenham acentuado suas ânsias de rezar pela Igreja a que tanto amava. É Deus quem move os fios da história e chama. A vocação para a vida religiosa é um chamado a viver mais perto de Deus, a oferecer-se inteiramente e consagrar-se a ele. Por mais numerosas que sejam as mediações, a vocação é uma graça de Deus.

Para Rita, a voz do sangue estava já totalmente apagada, o ambiente havia-lhe sido sempre propício, as alegrias e as tristezas de sua vida continuavam a fazer ressoar os ecos do chamado divino; faltava apenas abrir o coração a Deus e dar-lhe uma resposta. A resposta foi decidida e generosa, com a convicção profunda de que ia também acompanhada pela graça de Deus. Não procurava fugir do mundo, à moda dos antigos anacoretas cristãos ou dos antigos ermitões agostinianos de Cássia. O mundo é bom e foi criado por Deus. Estando no mundo, havia vivido sempre perto de Deus, e o mosteiro tampouco a isolava completamente, naquele tempo, das ruas de Cássia e do contato com as pessoas. Buscava, acima de tudo, um ambiente espiritual propício para continuar aproximando-se de Deus.

TORNA-SE MONJA AGOSTINIANA

O *Breve relato*, com as tradições de suas monjas, diz-nos que, depois que seus filhos morreram, Rita decidiu fazer a Deus *a oferenda de si mesma*, apresentando o seguinte motivo: "ávida de salvar-se do dilúvio do mundo, desejava voar até a arca de Noé para encontrar ali o descanso". Ela frequentara a igreja desse convento desde a infância, e muito mais quando adulta, para ali assistir à celebração da Eucaristia. Com este espírito, suplicou a entrada no Mosteiro de Santa Maria Madalena, sendo três vezes recusada sua petição, segundo Cavallucci. No *Breve relato*, afirma-se que as monjas reunidas em capítulo "não conseguiam facilmente decidir-se a dar o hábito a uma viúva". O crítico Balbino Rano suspeita que, a partir do nome do mosteiro, dedicado a Maria Madalena, a entrada seria franqueada também às viúvas.

Padre Agostinho Trapé apresenta-nos outra explicação: Rita era viúva de um marido assassinado em um mundo de ódios e de vinganças, e as monjas não queriam que isto conspurcasse a paz do mosteiro. Outros pesquisadores agostinianos, Vittorino Giorgetti, Omero Sabatini e Sabatino di Ludovico, encontraram recentemente nos arquivos do mosteiro a presença de uma monja chamada Catarina Mancini; em virtude do nome, eles acham que ela podia ser irmã ou parente próxima do assassinado. Talvez essa monja exercesse seu direito de veto nos capítulos, por Rita não ter denunciado o assassino do marido. Isso torna também um mistério saber como, por fim, foi aceita e como as duas monjas conviveram posteriormente na mesma comunidade. Tendo entrado no mosteiro até 1417, aos 36 anos de idade, Rita conviveu com ela pelo menos trinta anos.

Desde o século XIII, existiam em Cássia duas fraternidades agostinianas de homens e de mulheres desejosos de viver a espiritualidade agostiniana sob a direção de sacerdotes da ordem. Confessavam-se uma vez por mês, comungavam frequentemente e faziam obras de misericórdia aos pobres. Os irmãos de uma delas eram muito devotos da Paixão e das dores do Senhor, e faziam uma procissão pública pelas ruas de Cássia, geralmente às sextas-feiras. Os historiadores não sabem por que Rita não se contentou em pertencer a uma dessas confraternidades. A entrada no mosteiro, no entanto, era para ela a resposta a um chamado de Deus.

O relatório das monjas ou *Sumario*, apresentado no processo de beatificação, assegura que Rita sofreu muito com a recusa das monjas e que, "redobrando as orações e os prantos, humilhava-se perante Deus, atribuindo a recusa às próprias faltas...". Certa noite, Rita teve uma visão especial na qual viu São João Batista subir ao cume do Schioppo, nas cercanias de Roccaporena, aonde ela ia, com frequência, rezar e meditar na solidão. A Santa entendeu que ele a convidava a subir à maior altura da perfeição espiritual. Rita subiu também com ele a rocha do Schioppo. O mesmo *Breve relato* assevera que ela estava *temerosa e ansiosa*, mas São João Batista a reconfortou, acompanhado de Santo Agostinho e de São Nicolau de Tolentino. Eram os três santos de sua maior devoção. De fato, é provável que a reconciliação com a família de seu marido se tenha realizado antes de 1417, que todos dão como data da entrada no convento. A esta conclusão se chega examinando um afresco pintado em 1504, no qual Rita aparece vestida com um saião negro, conforme a vestimenta da época. Sem dúvida, esta reconciliação fez-se perante os pacificadores, deixando registro oficial.

Conforme o *Breve relato*, Rita foi milagrosamente transportada para o convento por estes três santos. Cavallucci diz que a acompanharam e guiaram até o mosteiro. Leão XIII acolheu esta última versão na bula de canonização em 1900. Um afresco do século XV representa Rita no mundo ainda com as mãos juntas no peito, indicando, quiçá, que já se havia reconciliado com sua família política e com a outra família relacionada com o assassino de seu marido. Por conseguinte, nada mais se opunha à sua admissão ao mosteiro. Ela havia sido exemplo da fé cristã recebida de seus pais na infância, em sua curta juventude, como esposa, mãe e viúva. Os santos de sua devoção haviam-na introduzido no mosteiro. Contava uns 36 anos. Agora podia ser uma mulher consagrada a Deus, com os três votos de obediência, pobreza e castidade pelo Reino dos céus (Mt 19,9-13; 1Cor 7,25-40).

Para que tudo isso acontecesse, foi necessário que Deus mudasse a atitude das monjas e que fossem generosas com o pedido de Rita. Isto equivaleria a pedir outro milagre do céu. E o milagre produziu-se. Os três santos que mencionamos introduziram-na no mosteiro das agostinianas, deixando-a no coro ou no claustro, segundo outros biógrafos. É fácil imaginar a surpresa das monjas ao encontrá-la, na hora de suas rezas, extasiada no coro. A surpresa foi maior quando se deram conta de que era a jovem viúva de Roccaporena, e ouviram a explicação: "Meus padrinhos, Santo Agostinho, São Nicolau de Tolentino e São João Batista, trouxeram-me, ontem à noite, por ter recorrido insistentemente a eles em minhas orações durante muito tempo". Naturalmente foi recebida pelas monjas, que aceitaram, com prazer, o dom de Deus. Calcula-se que transcorria o ano de 1417. O *Breve relato* das monjas afirma que foi admitida pelo voto unânime da comunidade composta com dez monjas e a abadessa. Havia sido uma jovem exemplar, a mais fiel das esposas, a melhor das mães, viúva entregue às coisas de Deus e, agora, teria de ser um modelo de mulher consagrada, vivendo a regra de Santo Agostinho. Estava com cerca de 36 anos de idade. A graça de Deus havia sido extraordinariamente fecunda nela.

Jamais poderemos saber se se trata, nesse relato, de uma aparição milagrosa dos três santos ou de uma visão mística da Santa. A inscrição ao pé dessa cena no *quadro antiquíssimo* emprega a palavra "visão". O difícil, nesse caso, seria explicar como entrou no convento sem a ajuda desses santos. Talvez isto nos queira dizer que entrou no convento graças ao fato de que eles, depois de muito pedidos recusados, facilitaram-lhe a reconciliação com os assassinos de seu marido e com seus próprios familiares, eliminando, desse modo, o maior empecilho para sua entrada no mosteiro agostiniano.

Uma vez admitida ao convento e vestindo já o hábito agostiniano, a superiora recomendou-a à mestra de noviças, a fim de que a instruísse durante um ano no conhecimento da regra e das constituições da ordem. Na realidade, não precisava de mestra de vida espiritual. Sua vida espiritual viera progredindo desde a infância e juventude; contudo, havia crescido enormemente nas provas sofridas durante os períodos de esposa, mãe e viúva. Seu espírito contemplativo via-se, agora, rodeado do ambiente religioso que sempre havia desejado; entretanto, tinha de esforçar-se ainda mais para *fazer seus os sentimentos de Cristo*, segundo admoesta o apóstolo São Paulo. A regra de Santo Agostinho e as constituições do mosteiro mostravam-se de fácil cumprimento para tão grande alma. As próprias monjas celebravam com alegria sua presença no mosteiro e parecia-lhes ter com elas uma irmã desde menina. As práticas da vida religiosa, cumpriu-as sempre com total fidelidade; no entanto, seu espírito as sobrevoava.

No mosteiro, Rita deu rédea solta a seu espírito contemplativo, dedicando-se durante horas à oração. Sua devoção à Virgem Maria, a *Madonna* dos italianos, é recordada por duas pinturas antigas, uma delas o *quadro antiquíssimo*, na qual Rita aparece com o rosário na mão. Havia passado sua viuvez a visitar Jesus na Eucaristia da igreja de Roccaporena e na Igreja de Santo Agostinho de Cássia, onde se adorava a famosa hóstia ensanguentada, ali deixada pelo Beato Simão Fidati; agora, porém, tinha-o no sacrário de seu mosteiro. Provavelmente, continuaria a fazer, todos os anos, a procissão do dia de Corpus Christi, na qual se levava a hóstia pelas ruas e praças de Cássia. A clausura não era tão rígida como depois do Concílio de Trento, e às monjas, era-lhes permitido esse tipo de saídas, para atender os pobres, enfermos e necessitados, ou escutar os famosos pregadores nas diversas igrejas. Seus biógrafos asseguram-nos de que se oferecia como vítima a Deus pela reconciliação de seus familiares e inimigos.

Alguns biógrafos falam-nos da videira e das uvas de Santa Rita. Cavallucci afirma que a superiora ordenou-lhe, para provar-lhe a obediência, regar um talo seco. Com o tempo, converteu-se em uma linda videira que as monjas mostram aos peregrinos no pátio do convento. No entanto, em suas tradições sobre Rita, as religiosas não incluem este fato no *Sumario*, como também não o afirma o *Breve relato*. Talvez julgassem que era um fenômeno natural fazer a rega de um sarmento do qual nasce uma parreira. Contudo, conservam-na com respeito, e todos os anos enviam ao Papa algumas uvas da vinha que dela procede. Os peregrinos levam consigo suas folhas no outono e usam o pó abençoado para recomendar-se à intercessão de Santa Rita, em razão de suas enfermidades.

PROFISSÃO RELIGIOSA

Por fim, a pobre viúva havia encontrado sua estrela e podia sentir-se feliz depois de ter abraçado a tarefa mais querida dentro da harmonia da Igreja. Não abandonava nenhuma outra vocação e se colocava em missão de serviço em uma cela solitária, renunciando a tudo para entregar-se à oração pelos demais. Sua alegria consistia em ter conseguido culminar sua felicidade seguindo a vocação com a qual havia nascido. Era a primeira e última chamada. Como Santa Teresinha, pôde exclamar que sua vocação era o amor, primeiro a Deus, depois aos seus que estavam com Deus e, por último, por todas as pessoas, oferecendo-se como vítima por elas. Havia sempre servido a Deus, e agora acabava de escolher o caminho definitivo e melhor.

A profissão dos três votos fazia-se ao termo do ano de noviciado em uma cerimônia muito simples e tocante, rodeada de todas as monjas. A professa colocava suas mãos sobre as da madre abadessa e pronunciava a fórmula seguinte, conforme consta nos arquivos do Mosteiro de Santa Maria Madalena:

> Livremente, eu, ..., confirmo que quero oferecer minha pessoa a Deus Pai Todo-Poderoso, ao Bem-aventurado Agostinho, à Bem-aventurada Maria Madalena e a ti, ... Madre abadessa deste Mosteiro de Santa Maria Madalena de Cássia, [...] prometo viver de maneira estável neste mosteiro e conduzir-me segundo a obediência, a

castidade e a pobreza, excluindo toda propriedade durante todo o tempo de minha vida, e viver no mencionado mosteiro segundo a regra do Bem-aventurado Agostinho e a sanção dos cânones.

As monjas reuniam-se ao som do sino e, após a cerimônia, trocavam o beijo da paz.

A profissão solene era feita três anos depois da primeira, e contava com a presença de um tabelião para lavrar a ata de renúncia dos bens por toda a vida. Sabemos também que Rita entregou ao mosteiro as terras herdadas de seus pais e de seu marido às margens do rio Corno, ao passo que o moinho permanecia nas mãos da família Mancini. Evocando o sonho de Jacó, Cavallucci diz-nos que, no dia de sua profissão, ela viu também uma escada que chegava até o céu e seus degraus eram a obediência, a pobreza, a castidade e as demais virtudes. Acrescentam as monjas que Jesus Cristo estava no último degrau e lhe disse: "Sobe até aqui". Nascera para subir até lá.

Um de seus biógrafos assegura que se a regra de Santo Agostinho tivesse desaparecido, poder-se-ia tê-la reconstruído com a vida da nova religiosa. Depois da Sagrada Escritura, a regra de Santo Agostinho era a principal fonte de espiritualidade nos mosteiros masculinos e femininos da ordem. Em todas as casas era lida publicamente uma vez por semana, segundo ordena Santo Agostinho na mesma regra. Prometer o voto de obediência a Deus significa comprometer seu Batismo em toda a sua radicalidade, cumprindo em todo momento a vontade e os mandatos de Deus, servindo aos seres humanos; o de pobreza implica colocar à disposição dos demais sua pessoa e seus trabalhos, vivendo pobremente; e o de castidade, entregar toda a sua afetividade, desprendida dos laços carnais, à Igreja de Cristo, estendendo com ela o reinado de Deus no mundo. Toda a sua vida de mulher consagrada a Deus foi um contínuo subir de degraus com sua oração e sacrifícios constantes por amor, exercendo a caridade com as irmãs, especialmente as mais velhas, animando e dando alegria a todas, ajudando os pobres como esmoleira do mosteiro. Em tudo isso, animava-a sua experiência de ter sido excelente esposa e mãe.

As rezas comuns prescritas nas constituições da ordem compreendiam a recitação do Ofício Divino, com a reza da Salve-Rainha, em honra à Virgem Maria, depois de cada hora. Um afresco pintado na segunda metade do século XV representa Santa Rita também com um rosário na mão. A espiritualidade de Rita estava, além do mais, muito em consonância com as correntes da época, marcada principalmente pela humanidade de Cristo. Seus próprios pais lhe haviam inculcado a devoção a Cristo crucificado, que havia assumido as dores e sofrimentos dos seres humanos. Sua compaixão por Cristo, no entanto, ela projetou-a nos pobres e nos enfermos com gratuidade semelhante à do Senhor sofrendo por nós.

Amou seus pais e sofreu por eles; amou seu marido e sofreu por ele; amou seus filhos e sofreu por eles; e amando e sofrendo por Cristo, amava todas as pessoas e sofria por elas. O maior amor existe quando se sofre pela pessoa amada. Sendo filha de Agostinho, ela não podia pensar diferentemente de seu Santo fundador, quando diz: "Cada qual é o que é seu amor; amas a terra, és terra; amas a Deus, não me atrevo a dizê-lo eu, escuta a Escritura: 'Eu disse: 'Sois deuses e filhos do Altíssimo'". O amor de Rita por Cristo e pelos necessitados é chamado por Santo Agostinho em sua teologia espiritual de "amor casto".

Rita de Cássia havia sido educada fora do mosteiro e dentro dele em uma forma de espiritualidade que nos faz retroceder à Idade Média. Possuía uma alma metade ativa, metade contemplativa. Ela e suas monjas acreditavam que, obedecendo à abadessa, obedeciam a Deus, mesmo que se tratasse de um preceito sem sentido. Não era a abadessa que devia ajudar as monjas a servir a Deus e à Igreja, mas as monjas é que tinham de obedecer à abadessa até mesmo tratando-se de uma ordem absurda como regar um talo seco.

Durante algum tempo, o vinho dessa parreira serviu às monjas para a celebração da Eucaristia. Esse acontecimento é narrado por Cavalluci, ao passo que outros biógrafos afirmam que foi uma ameixeira. Trata-se de uma anedota admirável para expressar a disponibilidade incondicional de Rita à vontade de Deus.

No mosteiro, abraçou-se à pobreza como São Francisco de Assis, doando aos outros tudo quanto possuía; conservou a paz contra a ira e a violência; chorou com os que choram; foi misericordiosa (segundo Santo Agostinho, a palavra "misericórdia" provém do latim *miseris cor dare* ou dar o coração aos que sofrem), entregando seu coração; foi pura de coração, com alma límpida e transparente, consagrando a Deus e a Cristo todo o seu afeto. No claustro, satisfazia os desejos de toda a sua vida. Era feliz, como aqueles que Jesus chamou de bem-aventurados.

MORTIFICAÇÕES E PENITÊNCIAS

Não podemos pensar que a vida dos santos seja uma viagem triunfal por toda a vida com a graça de Deus. Suas paixões, suas dificuldades e as nossas são as mesmas. Havia entrado no claustro em plena juventude e, sem dúvida, teve de sofrer grandes tentações, talvez, especialmente contra a castidade, ao recordar sua vida marital. Esse problema afeta a todos, exatamente como as tentações contra a falta de liberdade no confinamento do mosteiro, ou os incômodos da vida comum entre dez mulheres diferentes e de caracteres distintos. Cavalluci chega a afirmar, na biografia, que Rita sofre a terrível tentação de abandonar a vida religiosa e *voltar para o mundo*. Ela, por conseguinte, sofreu a mordedura da carne e outras graves formas de tentações. Precisamente aqui se veem as maravilhas que realiza a graça de Deus. Com razão escreveu Ramón de Valle-Inclán que "o melhor dos santos eram as tentações", porque, assim, vemo-los sofrendo com as penúrias da carne e do sangue.

Isso nos ensina que todos necessitamos converter-nos a cada dia. Mudar a vida secular pela vida religiosa é uma forma de conversão. Na ordem moral, significa mudar o comportamento, colocar-se na direção da meta quando se anda desviado, em direção a Deus depois do pecado.

Contudo, a conversão tem um sentido muito mais positivo: é confiar mais em Cristo, conhecendo-o mais, amando-o mais, seguindo-o mais de perto.

Sob essa ótica, no claustro Rita se convertia cada vez mais ao Senhor. Não resisto em recordar um dos mais acertados pensamentos de Pascal: "A verdadeira conversão consiste em humilhar-se diante de Deus... em reconhecer que não somos nada sem ele e que nenhum mérito temos diante de sua Majestade; consiste em reconhecer que existe uma oposição invencível entre Deus e nós, e que, sem mediador, não há relação possível". Este pensamento retrata perfeitamente a atitude dessa viúva ao entrar no mosteiro. Buscava sua conversão a Deus diante de todo tipo de tentações e, acima de tudo, assemelhando-se mais a Cristo.

Todos os santos fizeram seu este conselho de Jesus a seus discípulos: "Essa espécie [de demônios] só pode ser expulsa pela oração" (Mc 9,29). São os remédios usados por Rita em suas tentações. Dez anos depois de sua morte, o tabelião certifica que viveu no mosteiro "servindo a Deus com jejuns e orações". No segundo féretro, o pintor representou-a também com um rosto maltratado pelas mortificações. Às abstinências e aos jejuns de todas as sextas-feiras e quaresmas, prescritos nas constituições do convento, Rita, com a autorização da abadessa, acrescentava seus jejuns e quaresmas pessoais, segundo o testemunho das monjas no *Breve relato*. Sabemos, ademais, através do mesmo testemunho, que usava frequentemente disciplinas especiais, entre as quais figura "um cilício rugoso, feito com pelos de porco, que havia confeccionado com suas próprias mãos", e trazia outro de espinhos pontiagudos sob o hábito, "que a transpassavam a qualquer movimento". As Irmãs acrescentam ainda que o diabo lhe infligia constantes sobressaltos com tentações de escrúpulos e até "escondia-lhes as disciplinas". Nessas e em outras ocasiões, Rita recorria à água benta, segundo dizem.

No mosteiro, ela queria escutar mais a Palavra de Deus e poder responder-lhe com sua adoração, dando graças, pedindo perdão e solicitando seu favor providencial para toda a humanidade. O homem realiza sua existência no diálogo com Deus. A fé, a esperança e o amor unem-nos intimamente a ele. Une-nos o Cristo, por quem dirigimos nossa oração ao Pai. O homem espiritual cristão conta com o auxílio da graça divina, com a luz da Palavra, com a ajuda da comunidade. Rita dispunha, então, de ação de graças eucarísticas, na qual podemos morrer e ressuscitar diariamente com Cristo; tinha em casa o sacrário ao qual se dirigia diretamente. Seria o centro de todas as suas devoções, como a frequente meditação da Paixão de Cristo, que praticava desde menina, ou suas constantes orações à *Madonna*. O mosteiro, enfim, oferecia-lhe toda a riqueza espiritual da liturgia cristã, e ainda lhe sobrava tempo para "entrar em seu quarto e orar ao Pai em segredo". Possivelmente, havia ouvido algum pregador dizer com Santo Agostinho: "Do mesmo modo que nossos ouvidos escutam nossa voz, assim os ouvidos de Deus escutam nossos pensamentos" (CCL, 40, 2.166).

Acabamos de citar os métodos ascéticos mais importantes praticados por Rita. Devemos acrescentar, segundo seus biógrafos, que a mortificação, os jejuns e abstinências eram os métodos empregados para dominar as paixões, que obstaculizam o progresso no caminho da espiritualidade cristã, buscando a santidade. A experiência demonstra que são muitos os obstáculos que se opõem aos desejos de uma vida espiritual profunda. A Psicologia moderna tem suas reservas a respeito dessa forma de mortificação corporal, empregada por Santa Rita. Muitos autores modernos de espiritualidade também tendem a revalorizar a função de nossos sentidos em nossa relação com Deus. Rita seguia os conselhos mais comuns na vida espiritual durante a última etapa da Idade Média; contudo, tampouco podemos esquecer-nos de que a autêntica ascética cristã é a participação no mistério pascal de Cristo, que passa pela morte para chegar à Ressurreição.

Já dissemos que no século XV a clausura dos mosteiros de monjas agostinianas não era tão rígida como se tornou depois, imposta pelo Papa dominicano São Pio V, depois do Concílio de Trento, na segunda metade do século XVI, pressionando ao cumprimento dos decretos deste Concílio. Podemos, pois, imaginar que Rita continuou a receber as visitas de seus parentes, manter contato com as pessoas que pediam seu conselho, visitar os enfermos, atender aos pobres com as esmolas do mosteiro etc., consciente de que as graças recebidas de Deus deviam ser colocadas à disposição de todos os que solicitavam sua ajuda.

RITA, ESTIGMATIZADA POR DEUS

Nossa época caracteriza-se, entre outras tantas coisas, pelas tatuagens que vemos pelas ruas em jovens e adultos. Voltemos à Antiguidade, quando isto se fazia em animais, ladrões, escravos e soldados. Na Idade Média, como resultado da devoção à humanidade de Cristo e ao sofrimento experimentado no caminho que o levou até o monte Calvário, estigmas semelhantes apareceram em alguns santos e místicos. A Igreja celebra os estigmas de São Francisco de Assis. São um sinal visível a crentes e não crentes, por meio do qual são-nos recordados os sofrimentos do Senhor por nós.

Pois bem, nos santos, não são um mero sinal, mas uma marca que os faz sofrer terrivelmente. Nesse caso, o sinal os faz participar, até certo ponto, da realidade do Senhor em sua Paixão.

Rita foi educada, desde a infância, por seus pais, na devoção à Paixão de Cristo. O *Breve relato* e Cavallucci dizem que, sendo viúva, encenava, em sua casa de Roccaporena, tal como hoje fazemos com as cenas da via-sacra, os diversos momentos da Paixão do Senhor. Essa meditação era-lhe habitual e continuou a sê-lo, posteriormente, no mosteiro. A compaixão, ou o *sofrer com* Cristo, já era recomendada por Santo Agostinho a seus fiéis. Os principais propagadores dessa devoção na Idade Média foram o agostiniano Jordano de Saxe, com seu livro *Meditaciones sobre la Pasión de Cristo*, difundido por toda a Europa, e São Boaventura, com seu tratado *De perfectione vitae*. Não é estranho que os pregadores agostinianos e franciscanos fossem os difusores desta devoção no tempo de Rita.

A biografia de Santa Rita está toda ela repleta de "fatos prodigiosos". Talvez o maior de todos eles seja a estigmatização, como prêmio por sua devoção permanente às dores de Cristo em sua Paixão. Alguns quiseram dar-nos explicações naturais para esse fenômeno entre os santos, mas não há dúvida de que, em muitos casos, é preciso admitir alguma influência sobrenatural. Rita meditava muitas vezes nas dores de Cristo em sua Paixão. Fazia-o motivada pelos sermões pregados sobre esta matéria pelo Bem-aventurado Giacomo de Monte Brandone, franciscano, na igreja colegiada de Cássia. Vivamente impressionada com um de seus sermões, Rita pôs-se a orar diante da imagem de Cristo crucificado, que era conservada no coro inferior do convento. Queria sofrer as dores de Cristo, quando um espinho da coroa do crucificado se lhe cravou na fronte. De imediato, a dor foi intensíssima, e a ferida permaneceu durante os últimos quinze anos de sua vida, exalando um odor repugnante, nauseabundo, que a obrigou a ficar reclusa em sua cela por todo esse tempo. Foi uma das muitas mortificações que desejou sofrer para assemelhar-se a Cristo. Em suas imagens, é representada sempre com um espinho cravado na testa. Rita pediu ao Senhor um espinho de sua coroa, e Deus enviou-lhe uma rosa perfumada de amor. Para ela, seria um espinho doloroso, que no céu a faz bem-aventurada.

O *Breve relato* refere-se a esse espinho de sua fronte da seguinte maneira: "Empenhando-se totalmente na oração, entretinha-se com muito gozo espiritual na contemplação da dolorosa Paixão do Senhor. E foi amplamente recompensada, porque, em uma Sexta-feira Santa, estando a pregar em Cássia o Bem-aventurado Giacomo della Marca, da Ordem dos Menores, deixou-se levar por seu fervor ao tratar das amaríssimas dores do Salvador com tanto sentimento, que os ouvintes ficaram muitíssimo inflamados".

O relato continua a narrar que Rita ficou profundamente comovida e, uma vez recolhida em sua casa, prostrou-se aos pés de um crucifixo, rogando ao Senhor que lhe concedesse uma partezinha de suas dores. "No momento do milagre singular, um espinho da coroa de Cristo feriu-lhe a fronte de tal modo que a chaga lhe permaneceu impressa e incurável até sua morte, como ainda se vê em seu santo cadáver". O crucifixo é conservado no oratório do convento. Os juízes do processo de beatificação puderam comprovar que as monjas ainda conservavam uma pintura, feita poucos anos depois da morte da Santa, com "um espinho ensanguentado na fronte" e uma inscrição recordando os fatos. Outro quadro idêntico estava com as monjas do mosteiro agostiniano de Santa Luzia. O mesmo testemunho encontra-se no epitáfio de seu féretro ou *caixão solene*, escrito no dialeto de Cássia, cinco anos depois de sua morte.

Seus biógrafos narram sua vida no claustro rodeada de acontecimentos milagrosos. O que mais chama a atenção é este de sua estigmatização na fronte, que lhe causou uma ferida de permanente mau cheiro. Somente uma vez pediu a Deus que a livrasse daquela ferida para poder peregrinar a Roma com as demais religiosas, com o fito de visitar as tumbas dos apóstolos Pedro e Paulo. Nos quatro últimos anos de sua vida esteve de cama, prostrada, aproveitando para entregar a Deus sua alma totalmente angelical. Conforme o testemunho das irmãs, recebeu o sacramento da Unção dos Enfermos com fervor e se despediu delas, dizendo: "Adeus madre e minhas irmãs, fiquem em paz". Os sinos de Cássia, sozinhos, tocaram funebremente.

Foram muitos os santos com idêntica devoção às dores redentoras do Senhor, que sofreram estigmas parecidos. A reprodução das feridas de Cristo no corpo humano tem sido frequentemente acompanhada de outras manifestações parecidas, como levitação, certas faculdades telepáticas, bilocação, coxeadura ou cegueira não devidas a causas físicas. Em alguns santos, como em Santa Rita, chamam também a atenção a privação da comida ou do sono para além do humanamente possível. Quando esses estigmas são feridas físicas, costumam resistir a qualquer tratamento terapêutico e, às vezes, aparecem em tempos especiais, nas sextas-feiras, durante a Quaresma etc. Alguns recorrem a explicações naturais, fundados em certas predisposições físicas, ou à influência da mente sobre o corpo. No entanto, mesmo que em alguns casos se tenham descartadas causas sobrenaturais, outros merecem profunda e bem meditada reflexão.

Diante desse fenômeno, a Igreja conservou uma atitude oficial cautelosa e nunca o mencionou como justificativa para canonizações. Nas biografias de homens e mulheres devotos da Paixão de Cristo crucificado, conhecem-se mais de trezentos casos de estigmatizados, e só foram canonizados ou beatificados uns sessenta, sem que este sinal fosse determinante. Inclusive não se conheceram casos desse tipo até a Idade Média, e se aduzem exemplos parecidos entre pessoas de outras religiões.

A respeito de alguns santos, fizeram-se estudos especiais, e a Igreja até permitiu que se comemorasse a festa litúrgica dos Estigmas de São Francisco de Assis. Esses casos são conhecidos somente a partir do século XIII. Modernamente, aconteceram casos bastante surpreendentes, como Catarina Emmerick, do século XIX, ou Gema Galgani e Padre Pio no século XX. Contudo, a estigmatização, escreveu Rahner, pode acontecer como fenômeno parapsicológico à margem dos místicos; acrescenta, porém, que se deve considerar com respeito religioso quando se trata de um místico com amor especial a Cristo e à cruz. Santa Rita merece esse respeito.

Reconhecemos que são muitos os autores que rechaçam a sobrenaturalidade dos estigmas, ou que duvidam de sua verdadeira existência. Esse sinal doloroso de Santa Rita, incurável durante tanto anos, merece uma consideração especial. Padre Agostinho Trapé fixa-se especialmente nos muitos modos pelos quais seus contemporâneos prestaram atenção a isso. A representação pictórica que dela se fez em 1457 traz-nos a sua lembrança com um espinho na fronte. Do mesmo modo, outro quadro de 1480. Os ex-votos em sua honra, de dez anos após sua morte, também dão testemunho da ferida. Tudo isso demonstra a profunda impressão que tal fato causou nos que a conheceram. Todos os biógrafos da Santa registram esse fato apresentado em seu processo de beatificação, e com a mesma unanimidade recordam o momento em que apareceu, cerca de quinze anos antes de sua morte, até 1432.

A ocasião na qual o estigma teria aparecido na fronte de Rita é situada por todos também durante a pregação do franciscano Tiago das Marcas, discípulo de São Bernardino de Sena, que foi um dos mais importantes pregadores de seu tempo, e expandiu a devoção ao nome de Jesus pela cidade de Cássia. Entre as tradições recordadas também pelas monjas no *Sumario*, diz-se igualmente que Rita ficou profundamente comovida depois de ter ouvido esse pregador, acrescentando: "Em sua cela, verteu abundantes lágrimas e se prostrou aos pés de Cristo, lançando profundos suspiros e pedindo com ardentes orações que lhe permitisse participar de suas dores. Não precisou esperar muito tempo: por um prodígio inaudito, um espinho atravessou a fronte da Serva de Deus e ela sentiu uma dor terrível. Até sua morte, jamais desapareceram nem a chaga, nem a cicatriz".

Responde, por conseguinte, a uma oração explícita de Santa Rita, que pôde acontecer quatro ou cinco anos depois do famoso sermão e de ela ter vivido intensamente a devoção a Cristo crucificado. Entre os agostinianos, naquele tempo existia também uma devoção especial à coroa de espinhos.

A chaga teve, além disso, outras consequências degenerativas, desprendendo um mau cheiro insuportável, chegando a "criar vermes", acrescenta Cavallucci, sem infectar as zonas próximas da fronte. De acordo com este primeiro biógrafo, era visível sobre seu corpo incorrupto, duzentos anos depois de sua morte: "A chaga permanece impressa de forma indelével, como ainda se vê sobre seu santo cadáver".

PEREGRINAÇÃO A ROMA

Santa Rita saiu de sua terra uma única vez em sua vida e foi como peregrina a Roma. O povo de Israel havia peregrinado até a terra prometida, fazendo uma longa viagem física, mas carregada ao mesmo tempo de sentido espiritual. A passagem clássica, que descreve essa peregrinação espiritual do povo de Deus através da história, encontra-se na Carta aos Hebreus (11,8-16). Jesus também subia em peregrinação à cidade santa de Jerusalém. São Pedro, em sua primeira carta, exorta os cristãos a comportarem-se como *estrangeiros, forasteiros e peregrinos na terra*, que têm sua cidadania verdadeira nos céus. O cristão peregrina até a eternidade; é um viajante que nunca se cansa nem abandona o caminho; vive na esperança, como quem vê para além do visível, por meio da fé, caminhando rumo ao Reino do Céu. No entanto, isso não significa desprezar o mundo; ao contrário, implica a maior das responsabilidades com os demais peregrinos, com os quais vamos unidos na mesma fé, esperança e amor.

No Cristianismo, começaram muito cedo as peregrinações aos lugares santos e aos santuários como atos de penitência, ação de graças e em sinal de arrependimento. Respondendo também a esse espírito transcendental, são frequentes as peregrinações de outras religiões a lugares que se creem especialmente favorecidos por Deus. No Cristianismo, são famosas as peregrinações de Santa Helena (mãe do imperador Constantino) a Jerusalém, a de São Jerônimo à Palestina, fazendo-se monge em Belém, ou da monja espanhola Etéria, caminhando por todo o Oriente e Terra Santa, no século IV. Com o mesmo fervor, surgiram as peregrinações a Roma para visitar as tumbas dos apóstolos Pedro e Paulo, ou a Santiago de Compostela. Essa devoção estendeu-se, posteriormente, aos santuários da Virgem e dos santos, e se conservam na atualidade. No século XIV e XV, multiplicaram-se as peregrinações a lugares que se julgavam particularmente abençoados por Deus. Não é estranho que Rita, acostumada a visitar o Schioppo, as ermidas, igrejas e os lugares santificados pelos muitos santos de sua terra, colocasse todo o seu afã de ir em peregrinação a Roma, com as outras irmãs.

Encontramo-nos aqui com outra circunstância que nos obriga a ser cautelosos no julgamento sobre a estigmatização de Santa Rita. Em 1450, o Papa Nicolau V publicou um Jubileu que compreendia a peregrinação a Roma para visitar os sepulcros dos apóstolos Pedro e Paulo. Rita desejava vivamente peregrinar a Roma, acompanhando a comunidade, caso a abadessa lhe desse permissão, a fim de ganhar a indulgência plenária do Ano Santo. A biografia que as monjas mandaram redigir para sua beatificação não especifica o ano. Contudo, foi-lhe negada a permissão, levando-se em conta sua idade e as dificuldades do caminho. Além disso, a fétida ferida causava repugnância aos demais. Era a primeira vez que pedia, em sua oração, o desaparecimento da ferida. Entretanto, além de rezar, aplicou um unguento medicinal. Sua oração foi ouvida de novo. Um dia, a enfermeira observou, com admiração, que a chaga havia cicatrizado e curado por completo. O *Breve relato* expressa-se da seguinte maneira: "Sua chaga fechou-se de modo que não ficou visível nenhuma deformidade". Igualmente atônita, a abadessa permitiu-lhe participar da peregrinação a Roma.

O assombro foi maior ao voltar de Roma: a chaga reapareceu com o mesmo odor e moléstias anteriores. O *Breve relato* narra-o do seguinte modo: "... a ferida secou-se. Assim, pôde ir a Roma com piedade extraordinária para receber o Jubileu. E quando a santa viúva regressou de Roma, a ferida voltou a ser como antes". Podemos suspeitar de que a peregrinação teria durado uns quinze dias. A partir desse momento, as monjas começaram a achar que tinham no convento uma santa especialmente glorificada por Deus.

Provavelmente o documento que citamos, escrito quase dois séculos depois, recolhendo tradições, confundiu as datas, segundo o pesquisador Yves Chiron. Os anos santos foram 1423, quando Rita ainda não padecia do estigma; 1450, citado; e 1475, quando já havia morrido. Mesmo sendo possível o Jubileu de 1450, a data mais provável é junho de 1446. Nesse ano, peregrinaram a Roma agostinianos e agostinianas de todos os conventos, por ocasião da canonização de São Nicolau de Tolentino, de quem Rita era muito devota. Tratava-se ademais do primeiro santo agostiniano canonizado por um Papa saído de um mosteiro agostiniano, com o nome de Eugênio IV. Esse Papa agostiniano foi o que dissolveu o Concílio de Basileia, que havia eleito outro antipapa, conseguindo, dessa forma, dar o golpe final no Grande Cisma, que tanto havia feito Rita rezar e sofrer.

Cavallucci faz-se eco de outra lenda piedosa, aplicada frequentemente a distintos santos. Para prover às necessidades econômicas das monjas, Rita levava uma bolsa com diversos objetos antigos de prata, pertencentes ao mosteiro. Ao passarem em peregrinação ao lado de um rio, Rita jogou a bolsa dentro das águas. As Irmãs recriminaram-lhe o gesto, mas Rita respondeu com um sorriso, dizendo-lhes que "seria Deus quem as ajudaria a resolver suas necessidades".

É lamentável que os médicos não tenham estudado os estigmas de Santa Rita durante sua vida. Em contrapartida, isso foi feito recentemente. Em fevereiro de 1972, Dr. Ovaldo Zacchi, forense de Roma, os estudou durante cinco dias. Em seu relatório final, de dez páginas, concluiu que ainda eram visíveis os vestígios do estigma de Santa Rita. Em 1997, fez-se novo reconhecimento, na presença do Arcebispo de Spoleto e Norcia, pelo Dr. Giulio Marinozzi. Esse especialista concluiu: "Do ponto de vista paleopatológico, nenhuma hipótese médica parece poder explicar de modo suficiente todas as características dessa pequena fissura óssea". Referia-se a um buraquinho que existe no osso frontal, que o transpassa inteiramente, e tem o diâmetro de uma agulha, conforme declarou. A explicação por histeria psicossomática tornaria ainda mais difícil de entender a alteração óssea da fronte, ainda visível.

Tudo parece indicar que a ferida na fronte de Rita foi uma recompensa de Deus a Rita, que tanto desejou sofrer como Cristo. Ela carregou esse espinho durante quinze anos em seu coração. Isto é o importante. Levou consigo parte das dores de Cristo durante todo esse tempo, e dela podemos dizer com São Paulo: "Sofremos com ele, para sermos também glorificados com ele" (Rm 8,17). Associou suas dores à Paixão de Cristo. Trata-se, segundo o Papa João Paulo II, de uma compaixão amorosa com os sofrimentos do Redentor. Todo nosso respeito é pouco diante de um mistério que a Ciência não soube explicar.

Essa chaga da fronte durou quinze anos, sendo sete deles depois da peregrinação a Roma. Já adoentada, viu-se obrigada a permanecer em repouso, reclusa em seu quarto, sobre um colchão de palha, durante os quatro últimos anos de sua vida. O odor nauseabundo que exalava não permitia que alguém se aproximasse dela. O biógrafo Cavallucci assegura que "passava até quinze dias seguidos sem falar com nenhuma Irmã, apenas com seu amoroso Jesus, por meio da oração". No entanto, de vez em quando, saía de seu quarto, pois os pesquisadores Vittorino Giorgetti, Omero Sabatini e Sabatino di Ludovico demonstraram que o nome de Rita aparece em uma Ata do Capítulo da comunidade, reunida no dia 10 de abril de 1445. Previu sua morte com alegria, esperando a mais íntima e definitiva união com Deus, segundo veremos em seguida. Sofrimentos e mortificações haviam-na preparado para o salto à eternidade. Para ela, morrer era dormir no Senhor. Jamais poderemos compreender em toda a sua amplitude a morte dos santos, tampouco a de Rita, que pensou nela durante a vida inteira.

Toda a sua vida foi uma manifestação patente de Deus em sua alma, especialmente nos últimos anos, nos quais Deus repetiu os prodígios em torno dela. Suas Irmãs asseguram sempre que a Virgem Santíssima e Jesus Cristo apareceram-lhe em êxtase, anunciando-lhe sua morte. Seus biógrafos também o narraram com alegria. Esse milagre e o da rosa e dos figos, que recordaremos agora, aconteceram quando ainda era viva. São tradições trazidas pelo *Breve relato*, o qual se conserva nos Arquivos da Congregação dos Santos, pelo *Sumario* das monjas e por Cavallucci. Este autor o narra assim: "Estando enferma, de cama, foi visitada por uma parente sua, que lhe perguntou se queria que lhe fosse trazido algo de sua casa. Rita disse-lhe que queria uma rosa de seu jardim de Roccaporena. A parente sorriu para si mesma, porque estavam em janeiro, e julgou que Rita delirava por causa da enfermidade. No entanto, ao chegar a sua casa e visitar o jardim, viu no meio do roseiral uma rosa fresca e colorida, a qual levou a Rita. E todas as religiosas do mosteiro escutaram-na com admiração, passando a rosa de mão em mão, espantadas de ver uma rosa fresquíssima e perfumada no mês de janeiro. Quando sua parenta quis voltar para casa, pediu-lhe que lhe trouxesse de seu pomar dois figos. Sua parente foi ao pomar e viu, com espanto, dois figos frescos na figueira e os entregou a ela no convento de Cássia com alegria".

A parenta, pois, colheu a rosa e o figos e, voltando para Cássia, entregou-os a Rita, que, sozinha em sua cela, exclamou: "Como Deus é bom!". A rosa exalava uma fragrância que se espalhou por todo o convento. Recordando esse prodígio, os religiosos agostinianos e os agostinianos recoletos benzem todos os anos as rosas na festa da Santa. Seus devotos bebem-nas por infusão ou conservam-nas com fervor. Milhares de devotos acorrem a suas igrejas com as rosas nas mãos para que sejam abençoadas no dia de sua festa. Abençoadas, convertem-se em um sacramental que, mediante a oração da Igreja e a fé dos fiéis, pode obter-nos os favores do céu. "Tudo é possível para quem crê" (Mc 9,23). Com o mesmo fervor, guardamos com carinho as relíquias dos santos.

É preciso advertir que esses três relatos dão detalhes diversos um do outro. Esses milagres foram testemunhados no processo de beatificação e pelo tabelião de Cássia, alegando que se referiam a tradições orais da cidade. Podem ser lendas piedosas, mas nos falam suficientemente da personalidade cristã dessa mulher, e da graça de Deus nela. Demonstra também a grande admiração que os habitantes de Cássia tinham por Rita, mais de cem anos depois de sua morte.

MORTE DE SANTA RITA

Chegamos ao momento culminante da vida humana. Trata-se, para todos os seres vivos, de uma interrupção traumática. Temos conseguido prolongar a vida, mas não eliminar a morte, convertida, hoje, em tabu sobre o qual se evita falar. Não obstante, o cristão crê que a ressurreição de Jesus Cristo nos abriu a todos a porta da vida. Para São Paulo, morrer e dormir são sinônimos: o homem adormece em Cristo. Por essa razão, os primeiros cristãos chamaram o lugar onde se enterravam os mortos de "cemitério", da palavra grega *koimeterion*, que significa "dormitório". O ser humano sempre se preocupou com a morte física, mas foi criado para a imortalidade, de forma que, entre todos os seres vivos, somente nós podemos morrer espiritualmente. Jesus Cristo disse a Marta, consolando-a pela morte de seu irmão: "Eu sou a ressurreição e a vida. Quem crê em mim, ainda que tenha morrido, viverá. E quem vive e crê em mim jamais morrerá" (Jo 11,25-26). Para os que estão em Cristo, a morte perde seu aspecto de castigo e de tragédia, convertendo-se em uma mudança de vida, com a entrada na vida de Deus. Jesus assumiu para si a sorte do ser humano e morreu, mas também compartilha conosco a ressurreição gloriosa e a vida celestial. Morremos para ressuscitar com ele.

Quem já viu um santo morrer, consegue imaginar facilmente a morte de Santa Rita, a que já nos referimos, plenamente iluminada com esses pensamentos, e tendo-a esperado durante longo tempo. É evidente que a morte nos iguala a todos; as pessoas, no entanto, recebem-na de maneira distinta. Todos nos aproximamos dela, como uma rês levada ao matador.

As pessoas de fé e os santos, ao contrário, são diferentes. Rita aproximava-se de Deus, a verdade, a beleza, o amor, a felicidade, a eternidade; ela esperava encontrar-se com seus filhos, com seu esposo, com seus pais, radiantes de beleza. O amor a fazia encarar a morte desprovida de temores. A morte era, para ela, deixar o mundo que fazia tempo abandonara, e havia muitos que a esperavam na outra vida. Para essa mulher que tanto havia sofrido por amor, terminavam os tormentos e restava o amor. Para ela, o morrer haveria de ser tão simples quanto o nascer.

Não posso continuar a imaginar Santa Rita perante a iminência da morte. Simplesmente adormeceu nos braços do Senhor. Nela, não pôde cumprir-se o fatal retrato do poeta Gonzalo de Berceo:

> ... como é da natureza de pessoas carnais
> que, diante da morte, sentem pontadas mortais.

Começava, para ela, a primavera da vida, depois de ter passado setenta e seis anos neste mundo preparando-se para morrer. Sabia bem que alguém a esperava na outra margem, e esse alguém a amava.

Não temos testemunhos diretos desses momentos. Podemos imaginar alguns detalhes: passara quatro anos de cama, com frequentes infecções sanguíneas, e Rita desejava ardentemente morrer para estar com Deus. O estigma da fronte desapareceu e ficou uma mancha vermelha, como um rubi de agradável odor, dizem algumas tradições. As monjas e testemunhas de seus últimos dias asseguram também que lhe apareceram Jesus Cristo e a Virgem Maria anunciando-lhe o fim de sua vida na terra e, pouco depois, ficou absorta em profundo êxtase. Alguns biógrafos acrescentam que lhe apareceram também os três santos que a levaram ao mosteiro.

Abrindo os olhos, pediu perdão às religiosas pelos incômodos que lhes havia causado, recebeu Cristo na Sagrada Comunhão, entregou-se a Deus com a Santa Unção, pediu ao sacerdote a última bênção, despediu-se das Irmãs que choravam desconsoladas, e entrou em um profundo silêncio. Alguns dias depois, no dia 22 de maio de 1457, talvez um ano antes, de acordo com nossa era atual, com uns 76 anos de idade, a esposa fiel e piedosa, a mãe heroica, que somente soube amar, a viúva desposada com Cristo durante quarenta e quatro anos, entrava para sempre na casa do Pai, acompanhando Jesus Cristo. Um quadro pintado em 1480 representa a morte de Santa Rita com dois homens junto a seu leito. Podiam ser seus parentes, que teriam entrado no mosteiro com a anuência da abadessa.

Copiamos literalmente do original italiano a narração do *Breve relato*: "Já se aproximava a hora da passagem feliz para a vida eterna da Bem-aventurada Rita, quando nosso Redentor e sua Mãe lhe apareceram para convidá-la para o Paraíso. Então, muito contente, pediu os últimos sacramentos e se preparou para deixar este mundo. Seu corpo, tão débil, estava desgastado por jejuns e penitências. Prostrada sobre seu pobre leito, completamente submersa na contemplação das coisas celestes, extinguiu-se docemente no Senhor, e, subitamente, os sinos da igreja tocaram por si mesmos", anunciando sua morte aos habitantes de Cássia. Convidavam-nos também à alegria, porque Rita, livre de todo pecado, havia entrado no céu.

Jamais poderemos expressar com palavras terrenas os sentimentos espirituais do céu. Os céus azuis da Úmbria italiana são mais resplandecentes que os outros céus de muitos países do mundo. Contudo, é preciso olhar, com os olhos da alma, para mais além, mais para cima. O céu é Deus. Os sinos tocavam porque Rita já estava com Deus.

No processo de beatificação, várias testemunhas asseguraram que, de acordo com as tradições recebidas de geração em geração, os sinos da igreja se puseram a tocar completamente sozinhos. As pessoas de Cássia esperavam notícias gritando: "Milagre! Milagre! Os anjos tocam os sinos". Seu corpo foi levado para a igreja e colocado sobre um catafalco. Contam também as tradições que um homem aleijado disse: "Se eu estivesse bem de saúde, teria feito um féretro". Ficou imediatamente curado e fez para ela o primeiro féretro que guardou seu corpo.

Os biógrafos não estão de acordo em afirmar se Rita foi enterrada ou não, embalsamada ou não. Provavelmente, foi enterrada como os demais e, tempos depois, exumada devido a sua fama de santidade, ou para expô-la em um lugar mais digno. Certamente sua fama de Santa, o culto das pessoas e o eco de seus milagres se espalharam rapidamente por toda a região. Dez anos mais tarde, as autoridades de Cássia e as monjas preparam-lhe outro féretro de nogueira, mais luxuoso, e o colocaram sobre o altar da igreja para sua veneração.

Os milagres narrados pelas pessoas de Cássia sucediam-se ininterruptamente. Uma mulher de Cássia, paralisada de seus dois braços, recobrou o movimento diante de seu cadáver; João Batista, que era cego, recuperou a vista diante de seu corpo; Lucrécia Paulo, que padecia de hidropisia e estava totalmente encurvada, ficou curada; Francisca Giovanni, muda de nascimento, começou a falar. As pessoas acreditaram que de sua cela resplandecia uma luz maravilhosa, ao mesmo tempo que o convento era inundado por uma fragrância especial. Tudo era sobrenatural e divino em torno de seu cadáver. A invasão dos fiéis era tão grande que talvez por isso não puderam enterrar seu corpo, que exalava o aroma mencionado. Os milagres multiplicavam-se e o corpo, passados vários dias, continuava incorrupto e assim permaneceu por vários séculos. Rita, ao que parece, nunca foi enterrada, mas colocada em ataúde muito simples, em lugar afastado da igreja do mosteiro. Ainda hoje se vê em uma urna de cristal. Dizem que esse aroma foi percebido em dias especiais, por ocasião da visita do Bispo ao convento, do Geral da ordem e no dia de sua morte, em 22 de maio. Todos os milagres estão confirmados por ex-votos, pelo testemunho das religiosas e pelas muitas testemunhas de Cássia que auxiliaram no processo de beatificação.

Devemos acrescentar que os biógrafos não chegam a um acordo sobre a data exata de sua morte. A data mais repetida pelos especialistas, como, por exemplo, Balbino Rano e aceita no processo de canonização, em 1900, é o ano de 1457. No entanto, as religiosas e as demais testemunhas do processo de beatificação, o *Breve relato* e Cavallucci indicam como mais segurança o dia 22 de maio de 1447. Yves Chiron e os pesquisadores Damaso Trapp e Agostinho Trapé dão por certa esta última data, visto que os primeiros se apoiam em um número colocado em seu caixão: *1457*. Este número, dizem, representa o ano em que o artista terminou de pintar o féretro novo. Todos os pintores de então procediam dessa maneira. Se essa data estiver correta, Santa Rita teria vivido 66 anos, nada mais.

Alguns anos depois de sua morte, foi colocada em um féretro novo, o *caixão solene*, estando seu corpo incorrupto; mais de um século depois, em 1626, em razão de sua beatificação, os juízes declararam que ainda continuava incorrupto; novo reconhecimento oficial em 1703 encontrou-o igualmente assim. Em contrapartida, em 1745, seu corpo sofreu algumas imperfeições devido a um terrível terremoto que assolou a Itália, e as monjas o trasladaram para um novo féretro mais luxuoso. Com esse traslado, perderam-se as pinturas que adornavam o caixão solene desde 1462, pouco tempo depois de sua morte.

Conforme já observamos, em 1892 fez-se um novo reconhecimento no qual se comprovaram as imperfeições causadas pelo terremoto. Mais de um século depois, em 1972, o Dr. Osvaldo Zacchi realizou um estudo exaustivo dos efeitos produzidos pelo espinho na fronte e, por último, o Dr. Giulio Marinozzi deixou a certidão do estado de seu corpo, que já não se encontra incorrupto. Foi colocado, então, seu último hábito e, em 1997, passou a ocupar uma urna de cristal, adornada em prata, para que seus devotos a contemplem. Parece que conserva em seu rosto os traços de sua vida, e muitos peregrinos asseveram que, ocasionalmente, exala o suave odor que demonstra sua santidade. Todos os dados referentes aos estudos feitos em seu corpo após sua morte, até hoje, constam do arquivo histórico da ordem agostiniana em Roma.

PRINCIPAIS VIRTUDES DE NOSSA SANTA

Diz o Gênesis que Deus fez o ser humano *à sua imagem e semelhança*. De acordo com esta afirmação, devemos exercitar-nos na prática das virtudes para que possamos, cada dia, tornar-nos cada vez mais parecidos com Deus. A vida de Santa Rita só tem explicação recorrendo-se, conforme a sentença de Santo Agostinho, ao Deus dos santos.

Ressaltam nela as virtudes morais, especialmente a fortaleza. No entanto, três são as virtudes teologais nas quais vamos fixar-nos, porque delas brotam os fatos extraordinários até agora descritos: a fé, o amor e a esperança. Estas três virtudes são também naturais e necessárias para vivermos e estarmos bem relacionados com a realidade. Sobrenaturalizadas com a graça, tornam-se totalmente necessárias para se alcançar a vida eterna. Gabriel Marcel expressou-o nesta frase: "Eu quero ser amado verdadeiramente, e o único que pode satisfazer meus desejos é Deus".

Essa mulher obedeceu a Deus em todas as circunstâncias de sua vida. Sua oblação inspirou-se sempre na fé. Graças à fé, soube a cada momento o que Deus queria dela. Foi fiel discípula de Abraão, o pai de todos os crentes, envolta nas maiores obscuridades. Diz São Paulo: "O que não procede da fé, pecado é". O contrário podemos afirmar de Rita: toda a sua vida é santa porque procedia da fé. Santo

Agostinho confessa a Deus: "Fizeste-nos para ti, Senhor, e inquieto estará o nosso coração até que não descanse em ti". Essa inquietude agostiniana fez com que a vida de Santa Rita girasse sempre em torno de Deus e de Cristo, em sua Igreja. Escolheu o caminho mais seguro para chegar a Deus. É provável que tivesse ouvido alguma vez os pregadores agostinianos recordarem também este conselho de seu fundador: "Não saias de ti, entra em ti mesmo; no interior do ser humano está a verdade". No interior de Rita sempre esteve Deus.

Santa Rita não foi uma mulher culta, mas também não se assustou diante das obscuridades de sua vida. Nela, a fé foi como uma luzinha. Diz o poeta alemão Hebbel: "Se vês uma luzinha, segue-a, pode ser tua estrela". Ela encontrou a luz sempre naquele que se identificou com o ser humano, fazendo-se *em tudo semelhante a nós, exceto no pecado*. Acolheu a Cristo e acreditou nele e, desse modo, encontrou-se com Deus. Em todo momento, deu mais importância à Palavra de Deus do que aos dados sensíveis, prestando-lhe sua aceitação, obedecendo à sua vontade, mesmo na situação mais difícil de sua vida, outorgando o mais generoso perdão aos verdugos de seu marido, dela e de seus filhos, em meio a cruel sofrimento. Trazia escrita no coração a definição de São João: *Deus é amor*.

Sua união com Deus não se fundamentava em sentimentos, mas na fé. Buscou a Deus, prescindindo de gostos, consolos e satisfações, e continuou a caminhar por sendas tremendamente escuras. Não chegou a ver a Deus, mas esteve sempre em contato com ele, cumprindo-se a palavra de Jesus: "Se alguém me ama [...] meu Pai o amará, e nós viremos e faremos nele a nossa morada" (Jo 14,23). Rita não se preocupou com prazeres e sentimentos; acreditou no amor de Deus e esteve sempre perto dele, vivendo a fé. Dela e de todos, devemos dizer acerca de sua fé, como a propósito da de Pedro, "que não lha haviam revelado nem a carne nem o sangue, mas o Pai que está no céu". Santo Agostinho havia ensinado a Rita que temos todo um *Mestre interior* dentro de nós.

Toda a vida de Santa Rita é um testemunho vivo de sua fé nos seres humanos. Recordo, a esse propósito, uma anedota atribuída a certo reitor de uma universidade dos Estados Unidos. Um grupo de professores apresentou-se para dizer-lhe: "Magnífico reitor, o professor X não acredita em Deus". Impassível, respondeu-lhes: "Não importa, Deus acredita nele". Santa Rita acreditou nos seres humanos, confiou neles e acreditou também em Deus – que não defrauda nunca –, convencida de que ele acreditava nela.

A outra virtude teologal praticada por nossa Santa foi o amor, do qual este mundo está tão necessitado, como o sabemos todos. Na família, no trabalho, na política e até nas diversões. Toda a vida de Rita foi um calvário não merecido. Apesar disso, ela nunca perdeu sua confiança em Deus, nem em razão do assassinato de seu marido, nem da morte de seus filhos. Somente os grandes santos sabem reunir, sem oposição, sofrimento e felicidade. Sofria e deleitava-se com a presença de Deus.

Testemunhas e biógrafos jamais constatam que se tenha queixado da solidão, sem pais, sem marido, sem filhos, ou recolhida na cela devido ao repulsivo odor que exalava de sua chaga na fronte, impedida de qualquer movimento na cama. Ela foi consumindo sua vida sem lamúrias, com amor, e nos momentos mais difíceis, até com a compreensão e o perdão dos que a fizeram sofrer. O amor no mundo foi, para ela, convivência, justiça, paz, felicidade. Aprendeu-o de Cristo, a perdoar seus algozes, e aprendeu também de São Paulo "a vencer o mal com a força do bem" (cf. Rm 12,21).

Ninguém sabe definir o amor. Todas as explicações falham diante das inumeráveis diferentes maneiras de amar. As grandes enciclopédias antigas dedicavam várias páginas à palavra "amor", e umas poucas linhas à palavra "átomo". Agora é o inverso. Algo aconteceu. Deus criou o amor, e o amor conduz a Deus. Por isso, amor e caridade na Escritura e na Teologia são termos idênticos. Ou seja, quando nós amamos com amor bom, amamos com o amor que Deus nos deu previamente, não com nosso amor. Essas ideias podem ajudar-nos a compreender o amor de Rita por seus pais, marido e filhos; pelos pobres, pela Igreja, por Cristo e por Deus.

A espiritualidade de Santa Rita esteve também marcada pelo amor a Cristo. Meditava frequentemente os mistérios de sua vida humana, especialmente sua paixão e morte. Sua compaixão com Cristo começou aos 12 anos. Ao mesmo tempo, este amor a Cristo-homem, ela projetava-o no cuidado aos pobres, antes e depois de entrar no convento. A outra devoção a Cristo foi a Eucaristia celebrada como sacrifício e adoração. Desse modo, pagava a Cristo com amor o que ele fez por nós, fazendo chegar aos necessitados, a seus pais idosos, a seu esposo, filhos e Irmãs agostinianas o amor que Cristo tem por todos nós. Com São Paulo, pôde dizer: "Com Cristo, eu fui pregado na cruz. Eu vivo, mas não eu: é Cristo que vive em mim" (Gl 2,20). E com Santo Agostinho: "Meu amor é meu peso, e aonde quer que eu vá, para lá sou arrastado pelo amor". Em tudo e com todos, foi o amor, nascido do lado de Cristo, a fonte de sua espiritualidade. E do amor a Deus e a Cristo, brotou o amor aos pobres e, o que é mais importante, o amor a seus inimigos.

O maior ato da fé é acreditar no amor de Deus nas maiores desgraças, e o maior gesto de amor é passar uma vida inteira devolvendo a Deus o amor dele recebido. Na vida de Santa Rita, cumpre-se aquela sentença do *Cântico* de São João da Cruz: "a fé e o amor te guiarão por onde não sabes, para além, no oculto de Deus" (1,11). Rita acreditou com todas as suas forças que Deus é verdadeiramente Deus-Amor, a quem todos pertencemos, e que por isso ele merece todo o nosso amor. Somente assim se entende sua vida. O dom do amor foi-lhe dado por Deus no Batismo, tal como a todos os batizados, mas ela abriu seu coração e sua vida para alcançar a plena maturidade unida a Deus.

O dom divino do amor que faz o ser humano capaz de amar a Deus consiste em agradar-lhe em tudo, fazendo sua vontade, sem buscar satisfações pessoais. O amor puro a Deus exclui o amor a nossas satisfações, que dividem o coração. Não podemos duvidar de que Rita experimentou também muitos consolos espirituais em sua amizade íntima com Deus, porque, como diz São João da Cruz, "se a alma busca a Deus, muito mais a busca seu Amado a ela" (*Chama*, 3,28); contudo, não parecem que tenham sido muitos esses consolos espirituais, nem que ela tenha buscado satisfação neles. Estava consciente de que Deus a amava antes de nascer.

O que é mais contrário ao amor é o ódio. Sem chegar a tanto, podemos converter as pessoas em objetos, como acontece frequentemente com o atleta, a mulher, os políticos etc. Muitas vezes tornam-se objetos de aversão o colega de trabalho, o antipático, o batedor de carteiras etc. E não nos esqueçamos de nossos sentimentos de aversão para com os terroristas e genocidas, para com os exploradores dos trabalhadores... A partir desses casos lembrados, sabemos já o que é o ódio ou o desprezo à pessoa humana. Uma personagem de Unamuno afirma: "Preciso que ele viva para odiá-lo", e Sartre escreveu: "O inferno são os outros".

Apesar de tudo isso, lançando um olhar retrospectivo à vida de Santa Rita, podemos continuar a crer no amor de Deus nas pessoas. "Amar é querer que exista o amado", escreveu Gabriel Marcel. E continua: "A frase 'eu amo você' equivale a dizer: 'quero que existas, que não te suceda nenhum mal, que estejas com Deus e Deus contigo'". Rita demonstrou muito bem esse amor, dizendo em seu coração ao assassino de seu marido: "Quero que existas e que sejas perdoado e amado por Deus".

Da fé e do amor emanam a humildade, a obediência a sua superiora, a castidade, o espírito de oração etc. No entanto, detenhamo-nos um pouco na virtude teologal da esperança. O homem espera todo tipo de bens futuros, que são penúltimos, ao passo que a esperança que brota da fé anela pelos últimos. Alguns teólogos, ao contrário, põem a primazia na esperança, ou seja, porque esperamos, cremos e, depois de crer, amamos. Deixando de lado essas questões teológicas, inclino-me a pensar que as mães creem em seus filhos porque os amam. É o caso de Rita que esperou pacificamente sua salvação. Não precisou recorrer a garantias e a seguranças sobrenaturais que pudesse receber do céu. A partir do perfeito conhecimento de sua pequenez, lançou-se nos braços de Deus nas circunstâncias mais cruéis para uma mãe.

Rita sabe que tudo o que possui procede de Deus; portanto, tem paciência e espera. Espera porque não tem nenhuma confiança em seus recursos naturais, nem em sua capacidade ou em seus méritos. Busca a solidão e não fala com ninguém porque espera em seu Deus, totalmente segura de sua ajuda em toda situação extremamente delicada. Apoia-se nele, convencida de que não vai abandoná-la. Sem pais, sem marido, sem filhos, perdidas todas as seguranças que possuía, abandonou o apoio que podiam dar-lhe seus parentes ou os bens herdados de seus pais e de seu marido. Se procede a acusação das monjas de ter lançado no rio os meios econômicos destinados à peregrinação a Roma, teríamos aqui uma prova evidente de sua incondicional esperança em Deus. Nessa esperança viveu e nessa esperança quis morrer. "Só Deus basta", dirá com Santa Teresa.

A esperança cristã responde aos desejos de felicidade que Deus colocou no coração de todos os seres humanos. Diz Santo Agostinho: "Se te pergunto o que desejas, já sei o que me vais responder: a felicidade". Podem-se perder a esperança humana e a esperança sobrenatural, mas, se existirem, são a maior força para realizar as criações do ser humano. Graças a essa esperança, Rita superou as mais tremendas desgraças. O alento, a alegria, o entusiasmo que nascem da esperança são sempre a melhor receita que o médico nos pode aconselhar. Rita contou, em sua vida, com o melhor dos médicos. Não pensemos, porém, que nela isso foi um mero sentimento. Nela, a esperança foi uma atitude, uma forma de existência, uma maneira de viver perante a eternidade.

Finalmente, a esperança não muda a existência, mas dá novo sentido à vida. Proporciona alegria até na dor e na enfermidade, e é o alívio mais poderoso no momento da morte. Santa Rita demonstrou-nos isso com sua vida. Como o peregrino se alegra quando chega à meta, assim se alegrou ao chegar à morte. Possivelmente, suas obras de caridade com os pobres inspiravam essa atitude de peregrina que conservou durante toda a vida. Diz Santo Agostinho: "O pobre e o rico vão juntos pelo mesmo caminho: o rico leva muitas coisas e o pobre, nada. Homem rico, entrega parte de tua carga ao pobre, e verás com que facilidade chegas à meta". Rita doou-se aos outros e chegou à meta. Deus ajudou-a no caminho. Esperou em Deus e Deus esperou nela.

PARTE II

DEVOÇÃO A SANTA RITA

FAMA DE SANTIDADE

O processo de beatificação de Santa Rita iniciou-se quase dois séculos depois de sua morte. Isto explica por que existem tantas lacunas em sua biografia por falta de testemunhas imediatas dos fatos, como as religiosas da comunidade, sacerdotes, membros de sua família, fiéis por ela aconselhados etc. Na falta de testemunhas oculares, tivemos de recorrer às tradições e às lembranças que se foram transmitindo oralmente, de geração em geração.

"Passou a vida fazendo o bem e continuou a fazê-lo depois da morte." Esta grande verdade de Cristo pode ser dita, de certo modo, também a respeito dela. Vivera sua consagração religiosa dando o exemplo às Irmãs, sendo obediente até a cruz, pobre a ponto de não deixar neste mundo senão seus restos corporais; casta e entregue somente ao amor de Cristo e dos irmãos. Respondera ao amor de Deus com entrega total, praticando a radicalidade cristã até extremos humanamente impossíveis. Amou a Igreja e entregou-se por ela, fazendo-a mais fecunda na implantação do Reino dos céus na terra.

O processo de beatificação começou no dia 8 de setembro de 1619; no entanto, encontrou-se um documento notarial no qual se vê que o povo cristão já a chamava bem-aventurada alguns anos depois de sua morte, em 1463. Isto significa que se começou a cultuá-la imediatamente depois de morrer. Seu primeiro féretro tem 1,58 cm de comprimento, o que já nos faz adivinhar sua estatura. Talvez não tenha sido enterrado, mas depositado sobre um altar da igreja ou de um oratório interior do mosteiro, de forma que as monjas e os devotos puderam ir recolhendo ex-votos ao redor dele, dando graças pelos favores que recebiam dela. Quando se pensou em outro féretro, a devoção e as visitas dos fiéis obrigaram as monjas a construir uma urna-relicário que permitisse ver seu corpo, que continua incorrupto.

Por esta razão, fez-se um *reconhecimento canônico*, tendo-se por testemunhas Dom Eruli, Bispo de Spoleto, autoridades da cidade e religiosas do mosteiro. A esse relicário chamou-se de *cassa solenne* (caixão solene); era de nogueira, suas paredes internas e externas estavam pintadas com cenas de sua vida, era exposto ao público em suas festas, e os fiéis podiam contemplar seu rosto incorrupto. Esse novo relicário foi construído em 1457, dez anos depois de sua morte, o que nos permite adivinhar com que rapidez se estendeu o culto à Santa. Os especialistas em arte puderam identificar os pintores das representações que a adornam por dentro e por fora. Foram os pintores bem conhecidos, Giovanni Sparapane e seu filho Antonio Sparapane, naturais da vizinha Norcia.

Graça a tantos fatos maravilhosos, a devoção a Santa Rita difundiu-se por todo o mundo cristão, e é invocada com o apelativo de "advogada das causas impossíveis". O povoado de Cássia e as zonas limítrofes sempre a consideraram Santa; essa ideia, porém, espalhou-se rapidamente por toda a Itália muito antes que o Papa Urbano VIII a declarasse bem-aventurada. Seu secretário particular,

Cardeal Fausto Poli, era natural de um povoadozinho, distante 15 quilômetros de Roccaporena. Nesse dia, segundo o testemunho de muitas pessoas, *viram-na abrir os olhos* e levantar-se dentro do féretro de cristal. O Papa Leão XIII, na bula de canonização, chama-a de "pérola da Úmbria e ornamento da ordem agostiniana". Por esse motivo, logo se construiu em Cássia um santuário dedicado a ela. Milhares de peregrinos visitam todos os anos sua casa e seu santuário.

Assim se explica que a devoção a Santa Rita se tenha estendido imediatamente por toda a Europa e América. As graças e favores que os fiéis recebiam do céu eram tão numerosos que, por toda a parte, foram-lhe dedicados templos e se celebrava sua festa. Uma infinidade de peregrinos, que acorrem para dar-lhe graças pelos favores recebidos e pedir novos, visitam sua tumba.

Parece incrível que um mosteiro que a rechaçou por três vezes seja hoje um centro de peregrinação dos mais famosos do mundo cristão, depois dos lugares santos, ou dos que nos lembram intervenções da Virgem Maria e dos apóstolos. Foi um sacerdote agostiniano o primeiro a chamá-la deste modo: *advogada das causas impossíveis* ou dos casos mais desesperados. Não pensemos somente nos milagres físicos; os milagres morais de esposos infiéis ou sem fé, que se convertem, e de filhos separados da Igreja, que voltam para ela, são muito mais numerosos. As rosas que cobrem seu féretro, distribuídas pelas monjas em Cássia, são as rosas que florescem em seu jardim; abençoadas em sua honra, têm suas pétalas distribuídas por todo o mundo, e continuam apregoando as maravilhas de Deus.

A lembrança dessa Santa é também conservada por suas imagens, nas quais é representada com um crucifixo nas mãos e um espinho cravado na fronte. As rosas, as abelhas e os figos são meros símbolos que nos lembram a presença da ação de Deus nela. Os católicos americanos, amantes do beisebol, têm-na como patrona desse esporte, desde que Walt Disney fez um filme no qual um jogador de beisebol a invoca para que seu time vença. Fizeram até mesmo medalhas dela relacionadas a tal esporte. Seus devotos recorrem a ela nas enfermidades, nos problemas conjugais, em todo tipo de abusos. Dela se lembram especialmente as esposas maltratadas e as mães com filhos difíceis. Todas as causas perdidas chegam a ela quando se recomendam a Deus invocando-a.

Sua fama de santidade irradiou-se sozinha rapidamente em todo o povo cristão da Europa. Em 1616, a Santa Sé abriu o processo de sua beatificação e, dois anos mais tarde, o Papa Urbano VIII beatificava-a com grande solenidade na Igreja de Santo Agostinho de Roma. Posteriormente, seria Leão XIII, em 1900, quem a inscreveria no catálogo dos santos. Em todo o mundo apareceram imediatamente grande número de escolas de artes e ofícios, casas de acolhimento para crianças e pobres, ou centros de beneficência em nome de Santa Rita. Contudo, antes de ser canonizada, seu culto se havia divulgado já por toda a Igreja, não somente nos templos dos agostinianos.

Em todas as situações de sua vida, Santa Rita demonstrou uma fé profunda, que a fez brilhar com luz própria em momentos realmente difíceis. Sua conduta de adolescente e de jovem, de esposa, de mãe e de viúva ou de religiosa não se compreende sem que se apele para uma providência especial de Deus. Jamais agiu segundo sua vontade a aconselhava, mas crendo sempre que seguia a vontade de Deus. Perante as injustiças, diante da morte violenta e traiçoeira de seu marido, ante o ressentimento vingativo de seus filhos, sua reação partiu de dentro, onde, para quem acredita, habita Deus. Poderia se dizer que não era Rita quem agia, mas a graça de Deus que estava nela. Sem Deus, tudo falta; com Deus, tem-se tudo. Antes que o dissesse Santa Teresa, Rita já demonstrara que "só Deus basta". Graças à fé, assim como Jó, não fez perguntas ao céu, nem se queixou das calamidades ou desgraças que sucederam em sua vida. Entregou a Deus seu coração, e foi capaz de aceitar todos os sacrifícios. Sua vida foi uma submissão total a Deus, confiando plenamente nele.

Rita de Cássia não é uma teóloga, nem pensadora no estilo da dominicana Santa Catarina de Sena, sua conterrânea; no entanto, sua fé a fez compreender que, sem Deus, o ser humano não tem mais sentido que o animal ou qualquer dos seres da natureza; sem Deus, sua existência carece de futuro, a vida é um beco sem saída ou, como disseram mais tarde os escritores franceses Sartre e Camus, *um absurdo, náusea, nada*. Somente em Deus a vida tem sentido.

Não precisou buscar a verdade, como Santo Agostinho, seu pai espiritual, e tantos outros que encontraram seu descanso em Deus após sofrer grandes inquietudes interiores. Seus pais puseram Deus em seu coração e daí jamais desapareceu. Desde esse momento, sem necessidade de reflexões filosóficas ou teológicas, todos os problemas foram solucionados com base na fé em Deus. Seu diálogo permanente com Deus, através da oração, ajudou-a a compreender que as demais soluções eram mentirosas.

A primeira petição que os devotos de Santa Rita devem fazer a Deus é a dos apóstolos a Jesus: "Aumenta nossa fé". Com um pouquinho de fé, transportaríamos montanhas, disse Jesus.

OS MILAGRES

Os filósofos definem o milagre como um fato sensível, produzido por uma intervenção especial de Deus, transcendendo o uso normal das coisas, segundo as conhecidas leis da natureza. O milagre tem sempre um fim religioso.

A possibilidade de que Deus mude, em determinado momento, as leis da natureza, começou a ser questionada com o nascimento da Ciência nos séculos XVII e XVIII. Panteístas e céticos negaram essas intervenções sobrenaturais de Deus, atribuindo os milagres à credulidade das pessoas. Essa mesma atitude repetiu-se no século XIX, levando o Concílio Vaticano I a definir sua possibilidade. A fé na existência de milagres passou a ser atribuída, então, à ignorância das pessoas. Para eliminar a ação direta de Deus no mundo, preferiam aferrar-se ao fato de não conhecermos bem as leis da natureza.

Para aquele que crê na existência de um Deus criador e providente, não somente os milagres são possíveis, mas convenientes para recordar-nos sua presença no mundo, demonstrar seu amor e seu afã de diálogo com o ser humano, e estimular os valores religiosos. Desse modo, Deus ajuda-nos a nos aproximarmos dele.

Filósofos e cientistas têm se distanciado cada vez mais de um determinismo rígido, aproximando-se do conceito que a fé cristã manteve sempre sobre a possibilidade do milagre e de nosso conhecimento dele.

No Antigo Testamento e na vida de Cristo repetem-se os milagres com os nomes de *maravilhas, signos* ou *sinais e prodígios*. Os fiéis constatam sua existência, e a Igreja os comprova na hora de beatificar ou de canonizar os Servos de Deus, mesmo que não exija a fé dos fiéis neles.

Deus intervém na vida dos seres humanos por meio de visões e de palavras, ou de qualquer outra maneira, respondendo a nossas orações e súplicas. Aos discípulos de João, Jesus Cristo recorda que "os coxos andam, os cegos veem, os surdos ouvem, os mortos ressuscitam". A fé em um Deus que ama é essencial para entender os milagres. Nem sempre as testemunhas dos milagres os experimentaram e compreenderam. No entanto, sempre desfrutaram de seus benefícios, fortalecendo bem a sua fé, melhorando sua conduta ou confirmando sua lealdade a Deus. Basta que o milagre chame nossa atenção para que interpele nossa consciência religiosa, obrigando-nos a considerar como vindos de Deus inclusive os acontecimentos do mundo. Despertando a admiração no ser humano, este responde ao chamado de Deus.

Não é necessário que conheçamos todas as leis do universo para pressentir a sobrenaturalidade do milagre. Deus dispõe de infinitas formas de agir para chamar-nos a uma vida de amizade com ele. O milagre não é uma manifestação caprichosa da onipotência divina, mas a manifestação clara de que Deus busca você e o está salvando; comunica-se com você e espera sua resposta.

Feitas estas breves considerações, poderemos compreender melhor os muitos milagres operados pela intervenção providencial de Santa Rita. Todos os milagres e graças atribuídos à Santa Rita após sua morte chegaram ao nosso conhecimento através dos ex-votos de seu relicário, das narrativas das testemunhas no processo de beatificação e do autor do *Breve relato*. As primeiras atas dos milagres procedem já de 1457, quando o féretro de cipreste foi substituído pelo novo relicário. Devido a isso, as autoridades municipais de Cássia abriram um registro intitulado *Codex miraculorum* [Códice dos milagres] onde passaram a anotar os milagres de que tomavam conhecimento. Os onze milagres consignados no primeiro dos fascículos são assinados pelo tabelião da cidade, Domenico di Angelo, em 1457. Os outros três fascículos dos séculos XV e XVI estão também subscritos pelo notário correspondente, e contêm 29 diferentes milagres. Esse *Códice* conserva-se em pergaminho no mosteiro de Santa Rita de Cássia. De igual maneira, procederam as autoridades civis com Santa Clara de Montefalco.

O primeiro milagre conhecido é o do carpinteiro que confeccionou o primeiro féretro. Ele padecia de paralisa em um braço e ficou curado; o segundo ocorreu com um parente de Rita que veio rezar diante de seu cadáver, antes de ser colocado de corpo presente na igreja do mosteiro, sarando também de um braço paralisado. Os demais são conhecidos mediante ex-votos colocados no novo relicário dez anos depois de sua morte, e através do autorizado *Códice,* confeccionado primeiramente pelo notário da cidade, Domenico di Angelo, por encargo das autoridades. Esse

Códice foi editado em Perugia, em 1552, e estudado pela comissão canônica durante a celebração do processo. Pouco depois se publicaram em outro livro, escritos em verso. O primeiro notário, Domenico di Angelo, deixou escrita uma breve resenha biográfica da Santa, na qual ele a chama de "mui respeitável Irmã monja, senhora Rita", aludindo, quiçá, à nobreza de sua família.

Entre os primeiros dez milagres registrados, o notário considerou "o maior" a devolução da vista a um cego de nascimento, Battista d'Angelo, diante do novo féretro, no dia 25 de maio de 1457. Em segundo lugar, uma menina, Gentilesca di Nicola de Atri, curada de uma enfermidade nos olhos depois de a mãe ter prometido que a filha se tornaria religiosa do mosteiro de Santa Maria Madalena. Curou-se e cumpriu a palavra da mãe. Professou em 1493, colocou o ex-voto que o atestava e chegou a ser abadessa.

A incorruptibilidade dos corpos de muitos santos foi considerada na Igreja como um sinal de santidade e da ressurreição futura. Com frequência, esse fenômeno está ligado a um agradável aroma que o corpo exala e se expande por mosteiros, igrejas ou casas. A não corrupção do corpo de Rita foi comprovada por muitas pessoas de distintas épocas. Um século depois da morte de Rita, Cristobal de Papua, ministro-geral agostiniano, ao lavrar a ata de sua visita aos conventos da ordem em Cássia, escreveu o seguinte: "Hoje, dia 4 de abril, chego aos mosteiros de Cássia que pertencem à nossa ordem. Em um deles, com grande devoção, observei o corpo da Bem-aventurada Rita, íntegro em todos os seus membros". Em um corpo mais que provavelmente não embalsamando, isto é surpreendente.

Durante o processo de beatificação, a comissão canônica fez um novo reconhecimento do corpo, no dia 20 de outubro de 1626, declarando depois, segundo consta no processo: "O corpo foi encontrado íntegro, branco, intacto, imaculado, como se acabasse de morrer". A Congregação dos Santos concluiu que "o corpo não podia ter-se conservado assim senão por uma graça de Deus, particular e miraculosa". Uma das testemunhas declara ter visto várias vezes o corpo da santa e diz: "Só falta falar".

É frequente também, em todos os santos incorruptos, que exalem um suave odor perfumado, indicando, talvez, o bom odor das virtudes que praticaram. No caso de Santa Rita, isso aconteceu por ocasião de sua morte, quando se abria o féretro em suas festas, e quando se verificava algum milagre. Notando esse suave odor, as monjas deduziam que se havia produzido algum milagre e tocavam os sinos da igreja. O canonista Belmonti de Cássia declarou que esse odor era "indefinível", não se parecendo com nenhum outro conhecido. Uma das testemunhas do processo conta as coisas com alguma variação: o odor era sentido de longe, aumentava conforme alguém se aproximava da igreja do mosteiro e as monjas tocavam os sinos dois ou três dias depois. As monjas também atestam a percepção desse odor especial em diversas ocasiões. No processo de beatificação se deu valor a esse milagre por cumprir as três condições exigidas por Bento XIV para levar em conta as beatificações.

Todos os milagres de Jesus são uma prova de seu amor pelos seres humanos, principalmente pelos que sofrem. Todos os milagres que o povo cristão atribui à intercessão de

Santa Rita são também um reflexo do amor que teve para com os pobres e enfermos neste mundo. Seus devotos devem fixar sua atenção nesse exemplo.

Dispomos de uma "nuvem de testemunhas", diz o autor da Carta aos Hebreus (12,1; 13,7). Acima dos milagres e de sua fama entre os santos, devemos ver nela uma *testemunha*, um milagre pessoal da graça de Deus. Newton afirmou: "Vi Deus passar por meu telescópio". Olhando para Santa Rita, vê-se a Deus. Amou a Deus, amou a Cristo sem vê-lo, amando ao próximo, a quem via.

BREVE BIOGRAFIA ESPIRITUAL

O leitor da vida de Santa Rita poderá pensar que lhe ofereci fatos históricos que parecem em parte fantasiosos ou exagerados. O amor do povo cristão para com seus santos costuma incorrer nesse defeito, tirando-os da realidade e rodeando-os de santidade desde seu nascimento até a morte. Não seria uma história verdadeira se esquecêssemos que foram pessoas de carne e osso como as demais. Precisamente por isso, são nossos modelos no seguimento de Cristo. Uma vez que os santos são homens e mulheres de carne e osso, podemos seguir pelos caminhos que eles percorreram em sua peregrinação rumo a Deus.

Por muito que a devoção popular tenha inventado a respeito dessa Santa, sua história nos revela uma mulher excepcional, que respondeu extraordinariamente à graça de Deus. Fez a experiência de ser mulher virgem, esposa, mãe, viúva, religiosa, e em todos esses estados de vida, suas experiências místicas ultrapassam as possibilidades meramente humanas.

A breve biografia espiritual de Santa Rita poderia resumir-se dizendo que ela foi uma mulher especialmente modelada pelo Espírito Santo santificador. A bondade mostrou-se nela em toda a vida; foi demasiado boa para que deixemos de mencionar.

Desde pequena, "teve fome e sede de justiça", ou, o que dá no mesmo, fome e sede de santidade. Jesus chama a essa mulher de *bem-aventurada, ditosa, feliz* ou *especialmente amada por Deus*. Fez o bem sem ostentação, esquecendo-se de si mesma, e alcançou a imortalidade. Chamam nossa atenção as desgraças pelas quais passou, mas, sem dúvida, por ser uma pessoa boa, foi feliz. A bondade e a felicidade inundavam ao mesmo tempo sua alma. Nela se cumpre esta sentença dos Provérbios: "Aquele que é bom obtém a benevolência de Iahweh".

A vida de Santa Rita transcorre em um lugar concreto da terra; sua história é contada por pessoas com nomes e sobrenomes, amigos e não amigos, devotos e não devotos. Nem é pura lenda, nem pura tradição oral deformada ao passar de boca em boca.

Certamente, seus biógrafos não escrevem suas lutas contra as tentações e seus fracassos espirituais, nem ela, em sua humildade, confessou-os publicamente, como Santo Agostinho. Essa parte de sua vida só foi conhecida por seus confessores e por Deus. As testemunhas transmitiram-nos o que viram, e isso é o que nos deixa maravilhados. Ninguém pode duvidar de sua sinceridade, mesmo quando não coincidem, às vezes, ao narrar das datas, ou ao contar os anos quando se referem à cronologia de sua vida. Esses dados, que tanta importância têm na biografia das personalidades célebres – pensemos em Alexandre Magno, Shakespeare ou Cristóvão Colombo –, não a têm na vida dos santos. Neles, importam-nos os fatos, a atitude e a força com que os enfrentaram. Considerem-se a conduta de Rita durante sua adolescência e juventude, sua vocação tanto tempo adiada, suas atitudes de esposa e de mãe, sua fortaleza diante dos incômodos da viuvez e do sofrimento, e em tudo veremos a mão oculta de Deus.

Não se puderam fixar com exatidão as datas nem de seu nascimento, nem de sua morte. Estamos em um tempo no qual não existem os arquivos civis nem eclesiais. Como consequência, tampouco dispomos de datas exatas para fatos de sua vida, como sua idade ao contrair matrimônio, a morte de seu marido e de seus filhos, seu ingresso no mosteiro, sua viagem a Roma e o desejo de ver o Papa. Tudo depende do dia e do ano de seu nascimento, imprescindível para datar com certa exatidão tudo o mais.

Esquecendo-nos desse detalhe insignificante, quedamo-nos com uma santa que foi em vida modelo de jovem, filha compassiva e caritativa com os pobres, esposa sacrificada por amor e artífice da paz, mão heroica, viúva dedicada à caridade para com os pobres, religiosa agostiniana digna de seu fundador.

A vida de Santa Rita, no século XV, está marcada pelo Renascimento e pelo Humanismo, que mudaram a sociedade e a cultura europeias. Foi testemunha lastimosa de acontecimentos da Igreja para ela especialmente dolorosos: o desterro de Avignon e o Cisma do Ocidente. Talvez esses acontecimentos tenham assinalado os passos de sua profunda espiritualidade.

Podemos queixar-nos, com razão, de que a vida de Santa Rita, tão cheia de prodígios e maravilhas sobrenaturais, desde que as abelhas sugaram a saliva de sua boca angelical até os acontecimentos maravilhosos por ocasião de sua morte, a distancia de nós, pobres mortais. No entanto, não é isso o que devemos imitar, mas sim admirar como obra maravilhosa de Deus.

Aos devotos de Santa Rita, cabe-lhes sua imitação na prática das virtudes cristãs: a piedade infantil, a obediência generosa e a atenção a seus pais, seu heroico perdão aos inimigos, seu amor ao crucificado ou a fortaleza nos sofrimentos. Santo Agostinho aproxima-nos de uma perspectiva melhor, quando nos diz que "não são santos senão os que tiveram amor". Santa Rita foi, durante toda a sua vida, um autêntico exemplo de amor. Desde o pouco, até o muito, seus devotos têm em sua pessoa o melhor modelo a imitar.

A fama dos milagres de Santa Rita fez seus devotos se esquecerem da mensagem de sua vida pessoal, que, às vezes, a piedade e a lenda exageraram. A devoção aos santos não consiste em recorrer a eles na oração para obter de Deus um favor. Santo Agostinho ensina-nos em que consiste a verdadeira devoção: "Honrar e não imitar não é outra coisa senão adulação mentirosa" (Serm. 325,1). A religiosidade e a piedade populares necessitam, com frequência, da iluminação da fé e da orientação caritativa dos pastores, não de sua eliminação radical. A devoção a Santa Rita, que enche suas igrejas e cria tão grandes peregrinações, tem de ser como a vida da Santa: profundamente cristológica, ou seja, um encontro pessoal com Jesus Cristo, nisso a imitando.

Rita de Cássia não foi escritora ou fundadora de uma escola de espiritualidade, como Santa Catarina de Sena ou Santa Teresa de Ávila e outras santas famosas, nem foi criadora de movimentos de caridade que levem seu nome, ou fundadora de uma ordem religiosa. Foi uma Santa silenciosa e, no entanto, sua devoção é universal e figura entre as mais veneradas e queridas do povo cristão. Trata-se de um fenômeno religioso de difícil explicação, que procede da piedade popular sempre viva na Igreja. Essa mesma piedade e a fama de seus milagres nos casos mais difíceis conseguiram deformar sua história e até ocultar sua mensagem pessoal. A devoção aos santos tem que culminar em Cristo, nosso único mediador. Ela nos ensina a recorrer à graça de Cristo para nos aproximarmos de Deus.

Rita de Cássia chegou à meta em sua carreira, vivendo o Evangelho com espírito agostiniano, ou seja, tal como o próprio Agostinho queria que fossem os monges por ele reunidos primeiramente em Tagaste, sua cidade natal, e depois em Hipona, seguindo sua Regra adotada por milhares de mosteiros na Europa. Começa dizendo: "Antes de mais nada, irmãos muito queridos, amemos a Deus e ao próximo, porque estes são nossos principais preceitos". O ponto final da Regra firmada por ele expressa-se assim: "Que Deus vos conceda cumprir todas estas coisas com amor". Rita de Cássia foi uma discípula fiel de Santo Agostinho.

O Santoral cristão compreende os nomes agostinianos de 15 santos, 35 bem-aventurados, 6 veneráveis e 27 servos de Deus, sem contar os mártires japoneses e os mártires da guerra civil espanhola, agrupados sob um mesmo título. O lema que resume a vida de Santo Agostinho, *ciência e caridade*, foi o de todos eles. A maior parte deles e, especialmente, Santa Rita, distinguiram-se pela caridade, pelo amor a Cristo, à Igreja e aos mais necessitados entre nossos irmãos. Outros muitos milhares não viram seus nomes inscritos no Santoral, nem figuram nos altares; no entanto,

Santo Agostinho arrastou a todos com as primeiras palavras de sua Regra: assim o entendeu Rita, escolhendo o caminho do amor.

Seus devotos podem estar certos de que intercede por eles diante de Deus. Indubitavelmente, corresponde-lhes com seu amor e os ajuda a aproximar-se de Cristo, nosso mediador. Rita ensina-nos a sermos compassivos uns com os outros e a ter misericórdia com os mais necessitados, com os pobres, os enfermos, os anciãos. É modelo de fé para que a ponhamos à disposição dos demais. Fala-nos de paz, de amor de uns para com os outros, de perdão até a nossos inimigos mais cruéis. É nossa mestra, aceitando os sofrimentos da vida em cumprimento da vontade de Deus. As mães encontram nela um exemplo de amor extremo aos filhos; os religiosos e religiosas aprendem o valor de uma vida entregue a Deus pela salvação dos demais. Depois de cinco séculos, continua a falar-nos em silêncio. Deus realizou no mundo maravilhas por meio dela e, com razão, o povo cristão a invoca e lhe quer bem com fervor. O mundo deveria dedicar os principais monumentos aos santos, e não a sábios e conquistadores ou a políticos.

Devemos resumir a vida desta mulher de Cássia, Rita Lotti, com um único adjetivo que abrange a todos. Foi uma Santa e está com Deus. Não existiu nela o pecado que abre um abismo intransponível entre o ser humano e Deus. Devemos a reconciliação a Cristo enviado por Deus "para que todos os que creem nele tenham a vida eterna". Graças a ele, "todos fomos chamados a ser santos", diz-nos São Paulo (cf. 1Cor 1,2). Deus oferece a todos tanto a santidade quanto a salvação. O Concílio Vaticano II assim o proclamou perante o mundo (LG 39,40).

O Batismo deposita no cristão o gérmen da santidade, a graça ou a vida de Deus. Rita foi Santa porque desenvolveu essa vida divina com o exercício das virtudes cristãs e todo tipo de boas obras. Não é necessário, portanto, a grandiosidade das obras exteriores, nem a abundância de dons naturais como o talento ou os demais dotes humanos. Consiste no pleno desenvolvimento da graça de Deus recebida no Batismo.

Sabemos que Deus é amor, que Cristo *passou fazendo o bem*. Toda a vida de Santa Rita foi também uma expressão de amor demonstrado em seus pais, em seus filhos, em seu marido, nos pobres e enfermos, no perdão aos seus verdugos. Esse amor crescia nela, ajoelhada constantemente diante do crucifixo.

Somos santos na medida em que participamos do amor de Deus. Rita é Santa porque desenvolveu com generosidade o amor recebido de Deus, contemplando a Cristo e a seu próximo.

PROCESSO DE BEATIFICAÇÃO

A beatificação consiste em declarar permitido o culto a um cristão ou servo de Deus a quem o povo fiel considera santo. Esta declaração é emitida pelo Papa, que autoriza tal culto em uma igreja particular, em uma diocese, em uma região ou em uma ordem religiosa. Somente em casos particulares aconteceu que um beato tenha recebido culto universal.

Desde o século XII ao XVII, eram os Bispos quem beatificavam seus fiéis mortos com odor de santidade para que recebessem o culto de seus diocesanos. Esse costume ainda persiste na Igreja Ortodoxa russa. Na atualidade, tantos as beatificações como as canonizações regem-se por uma normativa particular dada pelos Papas Paulo VI e João Paulo II.

Rita de Cássia foi beatificada pelo povo cristão pouco tempo depois de sua morte. Já em 1472 é chamada de bem-aventurada em um testamento feito diante do tabelião e, dois anos depois, fez-se dela uma pintura na Igreja de Santo Agostinho de Cássia, ao lado de Santa Luzia e de Santa Catarina. Na mesma época, compôs-se em sua honra um hino litúrgico que se cantava no dia de sua morte. Tal era a fama dessa bem-aventurada que, em 1480, as monjas encomendaram sua primeira biografia. Até mesmo os bispos de Spoleto acorriam a Cássia desde 1550, conforme consta ao Cardeal Barberini, que, mais tarde, seria o Papa Urbano VIII, que a colocou nos altares.

As autoridades civis de Cássia fizeram também sua própria beatificação, e desde os primeiros dias, em honra de sua contemporânea, prestavam homenagens, faziam oferendas e procissões, e organizavam diversões de todo tipo. Ainda hoje, as autoridades civis patrocinam as festas dos povos em honra de seus patronos. Em Cássia, fomentam também o turismo de milhares de peregrinos ao santuário de Santa Rita.

No dia 22 de maio, desde 1531, as autoridades fazem uma oferenda especial à abadessa do Mosteiro de Santa Maria Madalena, muito antes de a Igreja beatificá-la, para que não faltassem os círios à Santa. A mesma prefeitura comprometeu-se a mandar celebrar uma missa em memória da *Santa da cidade*, três dias depois de Pentecostes, fazendo-a coincidir com as festas da cidade ou *Festa do Espírito Santo*. Hoje, essas festas recebem o nome de *Festa de Santa Rita*, e a prefeitura outorga franquias aos comerciantes e feirantes estrangeiros para atrair as pessoas; as autoridades continuam desenvolvendo o mesmo ritual festivo do século XVI: subida de Santa Maria della Pieve, procissão ao Mosteiro de Santa Maria Madalena, participação na solene Celebração Eucarística.

O culto é prestado a Santa Rita desde o dia 25 de fevereiro de 1564, ou seja, sessenta e cinco anos antes da beatificação por parte da Igreja, e o Mosteiro de Santa Maria Madalena recebeu em sua honra o nome de Mosteiro de

Santa Rita. As próprias monjas mudaram o nome em seus documentos.

Por volta de 1577, começou-se já a construção de uma nova igreja dedicada a Santa Rita, e a ela se trasladou o corpo da Santa, que até 1595 descansava em um oratório interno do convento, com o fito de que estivesse à vista dos fiéis. Tudo mostra a rapidez com que se propagou o culto a Santa Rita, como o povo se adiantou às decisões da Igreja. Sempre aconteceu assim, até que se fez a primeira beatificação oficial do Bem-aventurado Ulrich, Bispo de Augsburgo, morto em 973.

A beatificação de Rita por parte da Igreja veio ratificar o que o povo cristão já acreditava e o culto à Santa que vinha fazendo havia dois séculos. As biografias escritas nos séculos XV e XVI se perderam todas, e a do agostiniano Cavallucci, da qual dependem todos os biógrafos posteriores, foi escrita pouco antes da beatificação oficial. A iniciativa partiu da prefeitura de Cássia, que, em 1619, lavrou ata em sessão plenária, pedindo ao Papa Paulo V a beatificação de Santa Rita. Muitas outras autoridades eclesiásticas estavam também interessadas na mesma causa, admiradas de quanto se haviam difundido seu culto e os milagres que lhe eram atribuídos em tantos lugares; entre tais autoridades encontrava-se o Cardeal Domenico Ginnasi e alguns Bispos.

No entanto, a causa não foi introduzida na Santa Sé até o pontificado de Maffeo Barberini, eleito Papa com o nome de Urbano VIII. Barberini havia sido Bispo de Spoleto e conhecia bem a devoção do povo a Santa Rita e os milagres que lhe eram imputados. Iniciadas as formalidades, as monjas de Cássia recolheram a documentação principal que tinham no convento e tomaram nota de certas tradições orais da localidade, enviando-as à Congregação de Ritos. Haviam-se esquecido todos de que as causas dos santos começam na diocese a que pertencem, motivo pelo qual a Congregação de Ritos remeteu toda a documentação, no dia 7 de outubro de 1626, ao Bispo de Spoleto, Dom Castrucci, solicitando-lhe que desse início ao processo canônico.

Nomeada a comissão pertinente, presidida por Dom Colangeli, natural de Cássia, começaram os trabalhos seguindo o procedimento devido, ou seja, com o reconhecimento do cadáver, as declarações das testemunhas e quanto já se havia escrito sobre Rita, desde sua entrada no mundo até sua morte. A comissão pedia resposta a 28 perguntas sobre distintos aspectos da vida de Rita. As testemunhas interrogadas somaram 51, entre sacerdotes, religiosos e leigos, e lhes foi ordenado que só dissessem, sob prévio juramento de sinceridade, o que haviam ouvido de outras pessoas sobre Rita Lotti, ou as tradições familiares mais confiáveis. As testemunhas narraram um total de 76 milagres, que haviam escutado de seus avós e antepassados do lugar. Todas as declarações foram registradas diante de tabelião, a partir do mês de outubro de 1626.

A testemunha Antonio Cittadoni tinha 72 anos, e declarou o que havia escutado de seu avô, quando este tinha 90 anos. O prototabelião da comissão, Pietro Colangeli, contou que ele próprio havia sido curado de uma ciática e de ataque de reumatismo.

A comissão, presidida por Dom Pietro Colangeli, quis conhecer também pessoalmente todos os lugares pelos quais a Santa havia passado: sua casa natal e aquela na qual morou quando casada e viúva, o pomar, o mosteiro agostiniano e sua cela, a pequena igreja do povoado etc. Recolheram todas as publicações que se referiam à Santa, especialmente o *Codex miraculorum* e a *Vita della Beata Rita*, de Agostino Cavallucci. Estudaram as representações iconográficas do féretro, os afrescos e quadros existentes, os 216 ex-votos conservados no Mosteiro de Santa Maria Madalena. Dedicaram cuidado especial em conhecer o chamado *quadro antiquíssimo*, onde estão representadas seis cenas da vida de Santa Rita e que foram pintadas pouco depois de sua morte, em 1462. Os notários da comissão tomaram nota de cada uma das representações e de suas inscrições: a entrada e a saída de abelhas de sua boca, quando estava no berço, seu ingresso no mosteiro, guiada por três santos de sua devoção, quando recebe o hábito diante da comunidade, com um rosário na mão e com a fronte ensanguentada por um espinho, com 2 homens ajoelhados diante de seu leito e 6 mulheres de pé, a Bem-aventurada Rita morta já no ataúde. Algumas das inscrições não eram legíveis.

A comissão encerrou os trabalhos lavrando ata do quanto haviam visto e escutado no dia 11 de novembro de 1626. Santa Rita não foi beatificada por uma bula solene do Papa, como sói acontecer hoje em dia com os demais Servos de Deus. Não se celebrou uma missa especial na Basílica de São Pedro para que o Papa a declarasse bem-aventurada. Em contrapartida, Urbano VIII publicou dois Breves, equivalentes a uma autêntica beatificação. A Sagrada Congregação de Ritos, a pedido das monjas de Cássia, concedeu à diocese de Spoleto e à ordem dos agostinianos a faculdade de rezar o Ofício Divino e a missa em honra da Santa em 1627. No dia 2 de outubro do mesmo ano, o Papa Urbano VIII fazia essa concessão com o Breve *In supremo apostolatus*, e no dia 4 de fevereiro de 1628, ele estendia esse privilégio a todos os sacerdotes de Spoleto, mesmo que não pertencessem à ordem agostiniana.

No dia 22 de maio desse ano, aconteceu outro milagre. Os sacerdotes, os agostinianos e os cônegos haviam discutido sobre quem devia presidir a cerimônia solene do dia. Ao abrir a urna-relicário para que todos vissem seu corpo incorrupto, Santa Rita abriu os olhos. O Bispo de Spoleto nomeou uma comissão especial para estudar o fato. As oito testemunhas interrogadas diante do tabelião declararam que Rita, nesse dia, *"havia aberto os olhos"*, mas ninguém se atreveu a dizer que contemplara o milagre. Por fim, foi declarada Bem-aventurada em Roma, no dia 16 de julho de 1628, na Igreja de Santo Agostinho, com a presença de vários Cardeais.

O culto e a devoção a Santa Rita continuaram a propagar-se por todo o mundo. As biografias de Santa Rita multiplicaram-se na Alemanha, na Espanha, em Portugal e, especialmente, na Itália: Perugia, Roma, Milão, Nápoles, Florença. O Mosteiro de Santa Maria Madalena, com o nome agora de Beata Rita, que havia chegado a ter 22 monjas depois de sua morte, via-se obrigado a manter lista de espera para os pedidos de ingresso depois de sua beatificação. Em 1775, construiu-se o suntuoso relicário no qual hoje os fiéis podem contemplar seu corpo na igreja do mosteiro.

A devoção à Bem-aventurada Rita nos séculos XVII e XVIII foi propagada pelo mundo principalmente pelos agostinianos, muito numerosos na Europa, especialmente na Espanha e em Portugal e em suas colônias como missionários. Os agostinianos recoletos, por sua vez, espalharam-na pela Espanha, América, China e Filipinas.

O Rei Carlos II, da Espanha, que não tinha descendência, pediu às monjas agostinianas de Cássia que rezassem para que Deus lhe desse filhos. As monjas corresponderam a sua devoção, enviando-lhe a aliança de boda de Rita, que haviam conservado no mosteiro como insigne relíquia, e o Rei da Espanha e de Nápoles, agradecido, ordenou a seu vice-rei que mandasse construir um relicário luxuoso para nele guardar o corpo da Bem-aventurada. O Rei João V, de Portugal, curou-se de um tumor no olho direito, graças, segundo sua devoção, à intercessão da Bem-aventurada Rita. Um ex-voto de prata, enviado por ele, ainda conservado no mosteiro, e uma placa de mármore em sua fachada recordam aos peregrinos a gratidão desse monarca.

Os missionários agostinianos e os agostinianos recoletos difundiram seu culto por toda a América Latina, onde existem numerosas igrejas dedicadas a ela, enquanto povoados e cidades trazem o nome de Santa Rita. Todos os países de língua espanhola e o Brasil publicaram excelentes biografias, dirigidas aos fiéis devotos de suas igrejas. Quero destacar as dos padres agostinianos recoletos Ángel Peña, *Santa Rita. Vida y milagros*; e Ismael Ojeda, *Santa Rita de Casia. Vida Breve y Novena*, publicada em Lima, no Peru. Para as nações latino-americanas, Santa Rita é figura exemplar de mulher que chega a sua maior glorificação com o culto que a Igreja lhe tributa. Suas experiências místicas extraordinárias chamam poderosamente a atenção.

É de justiça citar, entre os propagadores da devoção a Santa Rita na Itália, um grande sacerdote, hoje canonizado: Dom Orione (1872-1940). Ele dedicou sua vida e fundou uma congregação totalmente entregue à atenção aos pobres agricultores, artesãos e marginalizados. Muitas das instituições e orfanatos fundadas por ele levam também o nome de Santa Rita. Propagou a devoção em Gênova e na Ligúria, e chegou a escrever uma bela e muito espiritual biografia da Santa com o título *Vida popular de Santa Rita de Cássia*. O gesto mais significativo de sua admiração ele o fez em 1929, dirigindo-se a Cássia como peregrino. Com seu carisma pessoal pelos mais desfavorecidos da terra, deixou gravada em sua congregação a devoção à Santa mais popular da Itália e de boa parte do mundo cristão.

CANONIZAÇÃO

De acordo com as normas atuais da Igreja, a canonização é uma sentença definitiva e solene do Papa, declarando que um fiel cristão, previamente nomeado bem-aventurado, está com Deus na glória e, por conseguinte, pode receber culto público e universal. Na Igreja Ortodoxa, essa declaração se faz no Santo Sínodo.

Os primeiros a receberem esse culto foram os mártires, e a partir do século IV estendeu-se aos confessores. No princípio, a iniciativa partiu do povo cristão; a seguir, assumiram-na os Bispos e os Concílios particulares, e a partir de então se propagou seu culto, em muitos casos, por toda a Igreja. A primeira canonização conhecida, recordemos mais uma vez, foi a do Bem-aventurado Uldárico de Augsburgo, pelo Papa João XV, em 993.

Esse costume só foi mudado no século XII, ficando reservada a canonização ao Sumo Pontífice.

O reconhecimento da santidade de um bem-aventurado implica as seguintes honras:

1. Seu nome é inscrito no catálogo dos santos.
2. O novo santo é invocado em toda a Igreja com um culto universal.
3. A partir de então, dedicam-se igrejas e instituições a Deus com o nome do santo.

4. A liturgia da Igreja pode incluir a memória do santo na missa e no Ofício Divino.
5. Permite-se celebrar sua festa em um dia determinado do calendário.
6. É representado em pinturas e imagens, recordando que desfruta da glória celeste.
7. Igualmente, as relíquias que o recordam começam a receber formas especiais de veneração.

O mais importante das canonizações é o desejo da Igreja de que imitemos os santos em nossas vidas. Para isso, o Papa assegura, em sua bula de canonização, que eles exerceram uma ou mais virtudes em grau heroico, com a graça de Deus. Desta graça dispomos todos nós, de modo que, tomando-os como nossos modelos, chegamos, como eles, à glória de Deus.

Todos devemos ser santos seguindo Jesus Cristo, do qual foram os melhores discípulos os canonizados pela Igreja, que nos dão exemplo, ensinando-nos o caminho. Já citamos São Tomás de Villanueva, filho de Santo Agostinho, como Santa Rita, afirmando que "implorava com maior prazer aos santos do que aos anjos". Santa Rita, uma mulher frágil e sofrida, dá-nos a todos essa confiança.

A diocese de Spoleto, os agostinianos e a própria Prefeitura de Cássia suspiravam por ver a Bem-aventurada Rita em todos os altares do mundo, e desejavam ardentemente que a Igreja a declarasse Santa mediante o processo de canonização. Em 1735, já haviam sido enviadas à Congregação de Ritos as atas do processo de beatificação da diocese de Spoleto, onde se encontravam, e três anos mais tarde começava, em Roma, o estudo dos milagres e das virtudes da Bem-aventurada Rita.

Esse processo foi interrompido em virtude do alto custo que comportava para o convento das agostinianas de Cássia, e não foi retomado até o século XIX. A postulação da causa reservou-o exclusivamente à ordem dos agostinianos. O novo tribunal criado para o estudo dessa causa na diocese de Norcia-Spoleto, de 1850 a 1852, teve 102 sessões, com todo tipo de testemunhas, e as atas foram enviadas à Congregação de Ritos. O estudo das virtudes e dos milagres de Rita durou até 1900.

Três milagres foram aprovados, solucionadas todas as objeções do promotor da fé: o suave odor que se desprendia do cadáver de Rita, comprovado por uma multidão de testemunhas, e as curas de Elisabetta Bergamini de Terni – menina de 7 anos, que sofria de uma grave enfermidade em um olho e no rosto – e de Cosimo Pellegrini – que havia sofrido um desmaio e paralisia total, como consequência de uma doença crônica do estômago; ao levantar-se, totalmente curado, disse que havia visto Santa Rita, a quem sua família o havia encomendado.

Contudo, deixemos, por um momento, a rigidez da Igreja ao examinar os milagres dos santos, e esqueçamos os esforços do promotor da fé, comumente chamado "advogado do diabo", negando sua sobrenaturalidade. Os biógrafos de Santa Rita, suas monjas, as tradições de Cássia e seus devotos, em revistas e boletins lhe atribuíram muitos milhares de milagres, que também são, se não estritamente em sentido filosófico, fatos surpreendentes e maravilhosos, sinais do céu, que por meio dela nos conduzem a Deus.

Nesse sentido, Maria Teresa Fasce (1881-1945), beatificada em 1997, é também um milagre de Santa Rita. Entrou, como religiosa, no Mosteiro de Santa Rita de Cássia em 1906. Foi eleita pelas monjas madre abadessa em 1920, tendo isso se repetido a cada três anos por elas mesmas até sua morte. Durante vinte e cinco anos, foi a guardiã da cela onde Rita morreu, do crucifixo que tanto contemplou, de suas relíquias e do mosteiro que há séculos leva seu nome. À inteligência e aos esforços dessa Bem-aventurada, deve--se hoje a existência de uma comunidade de reconhecida espiritualidade, assim como o fato de ter feito desse lugar um dos centros de peregrinações mais importantes da Igreja. A ela deve-se também a construção do atual santuário, admirado pelos peregrinos, o esplendor permanente da devoção a Santa Rita, um orfanato de meninas, um centro de exercícios espirituais e um hospital. Por sua vez, Maria Teresa Fasce deve ao exemplo e orações de Santa Rita a ajuda prestada em todas as suas obras, sua espiritualidade e perfeição evangélicas, que a levaram aos altares.

Finalmente, atrevo-me a assinalar outro milagre de Santa Rita, recordando o grande favor que desfruta Cássia com a chegada, todos os anos à cidade, de mais de um milhão de peregrinos, atraídos por essa mulher de vida simples e sofrida.

Visto que estamos recordando maravilhas, voltemos também nossa atenção para a escassez de vocações à vida contemplativa na maioria de todos os conventos da Europa, ao passo que não cessam os pedidos de ingresso no Mosteiro de Santa Rita de Cássia. Na Alemanha, existe uma congregação religiosa, fundada pelo sacerdote Ugolino Dach, em 1911, com o nome de *Ritaschwestern* [Irmãs de Santa Rita]. As monjas dessa congregação dedicam-se ao cuidado dos pobres e dos enfermos. Já contam com mais de 30 casas, algumas dedicadas à educação.

Leão XIII canonizou-a solenemente no dia 24 de maio de 1900, na Capela Sistina, junto com São João Batista de la Salle, coincidindo aquele ano com a festa solene da Ascensão. Leão XIII reconhecia, assim, o valor da piedade popular, que havia cinco séculos considerava Santa Rita modelo de mulher e de mãe, e o propunha ao mundo moderno. Também a indicava como "norte e guia da mulher cristã em todas as situações da vida doméstica e social". Esse Papa, comprometendo solenemente seu magistério, atestou-nos que Rita Lotti Ferri está no céu, com Deus.

A admiração do povo cristão por Santa Rita continua sendo a mesma, agora no século XXI. Outros Papas também contribuíram para a exaltação de Santa Rita. Pio IX preocupou-se sobremaneira com que lhe fosse edificado um novo santuário em Cássia. Pio XII elevou esse santuário ao status de basílica. João Paulo II publicou uma carta por ocasião do sexto centenário de seu nascimento, no dia 10 de fevereiro de 1982, e outra entre os dias 19 e 20 de maio de 2000, celebrando o centenário de sua canonização. Nessa ocasião, foi trasladado o relicário com seu corpo para Roma, onde se celebrou uma missa solene na Praça São Pedro, perante 70 mil pessoas vindas do mundo inteiro.

João Paulo II começou sua alocução deste modo: "Entre nós, encontra-se hoje uma peregrina ilustre...". A respeito de Santa Rita, disse que era um "sinal de esperança" para as famílias cristãs, chamou-a "discípula do Crucificado", acrescentou que era "perita em sofrimentos, advogada dos pobres, consolo e alento de todos nas situações mais difíceis". Afirmou também que ela "pertencia ao grande grupo das mulheres cristãs que tiveram influência decisiva na vida da Igreja e da sociedade". Para João Paulo II, ela é modelo do "gênero feminino", vivendo profundamente sua "maternidade física e espiritual". Santa Rita e Santo Antônio de Pádua, prosseguiu o Pontífice, "são os santos mais queridos pelo povo cristão".

Desde que, em 1710, um religioso agostiniano em Cádiz disse em um sermão que ela era *advogada de causas impossíveis* – a piedade e a fé de seus devotos têm-no demonstrado quando, na oração, são-lhe encomendados os casos mais difíceis da vida humana, quer se trate dos mais árduos problemas familiares, quer se trate de negócios, enfermidades, favorecimento em sentenças judiciais, de vitória nos esportes. É-lhe recomendado o mais inverossímil, com a confiança de que Deus escuta nossa oração em atenção a ela.

Somente no século XX foram colocados em seu santuário de Cássia mais de seiscentos ex-votos de agradecimento, sem contar os milhares de testemunhos dando graças a Santa Rita, que aparecem nas revistas que trazem seu nome. A ordem dos agostinianos tem-na em conta da irmã mais querida em seus oito séculos de história.

São inúmeras as instituições, igrejas, capelas, fábricas, confrarias e congregações que recorrem a seu patrocínio em todo o mundo. Milhares de fiéis acodem, todos os anos, por ocasião de sua festa, ao belo templo que os padres agostinianos recoletos lhe dedicam em Madri, e esses mesmos religiosos publicam, em Granada, uma revista intitulada *Santa Rita e o povo cristão*, com milhares de assinaturas em toda a Espanha, onde aparecem numerosos agradecimentos pelos favores dela recebidos. O mesmo se pode dizer da Alemanha, França, Argentina etc. Em todas as partes, especialmente na Itália, continuam a ser dedicados a Santa Rita novas igrejas e santuários, instituições de caridade para ajudar os pobres, orfanatos, escolas etc.

O número de peregrinos a Cássia aumenta constantemente. Em Paris, perto do famoso *Moulin Rouge*, foi dedicada uma capela a Santa Rita, e na célebre basílica do Sagrado Coração de Montmartre ergueu-se uma estátua em 1994.

A Pia União *Obra de Santa Rita* foi fundada em Roccaporena com a finalidade exclusiva de fomentar o culto e as obras de caridade sob o nome da Santa. A essa associação se deve a fundação de uma capela no cume do Schioppo, aonde ela costumava subir para rezar, outra em sua casa natal e na casa onde viveu quando casada. Também reconstruíram a igreja desse pequeno povoado, onde celebrou seu matrimônio, e foram enterrados seu marido e seus dois filhos. O mosteiro guarda as recordações da Santa, como seu rosário, seu anel de casamento recuperado, um manto e o segundo féretro de nogueira que guardou seu corpo até ser depositado no relicário atual.

A Pia União conserva também, com especial esmero, o pomar de sua casa e o velho hospital onde costumava visitar os enfermos. Ademais, fundaram diversos centros culturais, publicam uma revista e se ocupam da assistência aos peregrinos.

Santa Rita de Cássia, tão celebrada hoje pelo povo cristão, foi, no entanto, uma mulher simples, humilde. Soube suportar, em silêncio, durante toda a sua vida, a dor do assassinato de seu marido em plena juventude, a solidão da viuvez, a morte de dois filhos, uma parte dos sofrimentos da Paixão de Cristo e a separação do mundo pelos muros do convento durante quarenta anos. Identificou-se de tal maneira com Jesus na cruz, que perdoou os assassinos de seu marido. Sua firme confiança em Deus converte-a em mestra da humanidade nos momentos mais difíceis. Passou sua vida doando-se aos demais e entregando-se a Deus.

Santa Rita, enfim, é muito mais que uma mulher embelezada por fábulas; é um exemplo admirável de mulher que, em todos os estados da vida, deixou sinais palpáveis de ter recebido graças excepcionais de Deus. Essa Santa do século XV foi uma mulher marcada pelo sofrimento e, ao mesmo tempo, era tão doce, que se tornou querida em todo o mundo. Devemos dar graças a Deus porque, através dela, concedeu um precioso presente a toda a humanidade.

PARTE III

OS DOCUMENTOS DE SUA VIDA

A BIOGRAFIA DO NOTÁRIO

As informações mais antigas sobre Santa Rita chegaram até nós através de um tabelião de Cássia, chamado Domenico di Angelo, que organizou uma ata dez anos depois de sua morte, encarregado pelas autoridades de Cássia, registrando os milagres que eram atribuídos a ela na cidade. Já nos referimos a esse documento várias vezes neste livro. Por sua importância, recordamos de novo os dados biográficos que ele traz. Diz a respeito da Santa:

> Uma respeitável Irmã monja, a senhora Rita, depois de ter vivido como monja durante quarenta anos no convento da Igreja de Santa Maria Madalena de Cássia, servindo a Deus com caridade, finalmente sofreu a sorte de todo ser humano. E como Deus (a serviço de quem havia perseverado durante o tempo que mencionamos) quer mostrar aos demais fiéis de Cristo um modelo de vida para que também eles vivam como ela, que viveu servindo a Deus com jejuns e orações, realizou numerosos milagres e prodígios admiráveis por seu poder e graças aos méritos da Bem-aventurada Rita...

Assinalamo-lo, em primeiro lugar, pela antiguidade do testemunho e pela qualidade da testemunha oficial de Cássia. Encontra-se completo, em quatro volumes, na coleção dos documentos da Santa, recolhidos pelo investigador agostiniano Damaso Trapp.

A OBRA DE AGOSTINO CAVALLUCCI

Seguindo certa ordem cronológica, queremos apresentar agora a nossos leitores um resumo da obra *Vita della beata Rita da Cascia*, publicada em Siena, em 1610.

É a primeira biografia que temos dela. Seu autor, o agostiniano Agostino Cavallucci, sem dúvida, conheceu as biografias anteriores dos religiosos agostinianos Giovanni Giorgio Amici e Giuseppe Canetti – este último originário de Cássia, que escreveu em verso –, ambas também um tanto distantes da vida da Santa. Dessas duas biografias não se conserva nenhum exemplar. Todos se serviram das tradições orais e escritas do mosteiro e de Cássia. A de Cavallucci, porém, converteu-se na mais antiga e autorizada biografia de Santa Rita. Extraímos dela alguns excertos principais:

> Os pais de Rita eram *pacieri di Gesù Christo* [pacificadores de Jesus Cristo], pessoas mui respeitáveis, que viviam unidas com muita paz e tranquilidade, com pureza e sinceridade de espírito.
>
> Depois de seu nascimento, querendo batizá-la e não sabendo que nome dar-lhe, tiveram a visão de que a vontade de Deus era chamá-la Rita. Um dia, estando no berço, foi

visitada muitas vezes por algumas abelhas brancas, que entravam e saíam de sua boca.

Seus pais, vendo-se em idade avançada e com graves enfermidades, quiseram casá-la aos 12 anos, mas ela respondia que seu esposo era Jesus Cristo, e que queria ser religiosa e entrar em um mosteiro para ter melhor ocasião de servir a Deus. Percebendo o grande desejo de seus pais, consentiu, contra sua vontade, em casar-se. E casou-se com um esposo violento, que assustava só ao falar. Rita soube conversar com ele, e o fez humilde e dedicado ao serviço de Deus. Os dois viveram com tanto amor e caridade, que todos se maravilhavam de sua paciência. Ficaram juntos uns dezoito anos. Nesse tempo, ela viveu com muita oração, e devotíssima da Virgem Maria, de São João Batista, de Santo Agostinho e de São Nicolau de Tolentino. Jejuava em todas as vigílias das festas da Virgem, alimentando-se de pão e água, dava muitas esmolas aos pobres, visitava enfermos e agradava a seu esposo em tudo. Teve dois filhos varões e os educou no amor de Deus, ensinando-lhes os bons costumes. Perdoou os assassinos de seu esposo e se esforçava em ensinar seus filhos a fazer o mesmo. Todavia, ao perceber que eles estavam dispostos a vingar o sangue de seu pai, rezava com muitas orações ao Senhor Jesus Cristo, desejando que os chamasse para si antes que os visse praticar tal ato. Suas orações foram escutadas e, em menos de um ano, morreram os dois filhos, um depois do outro, de certa enfermidade.

Depois que se acalmou a dor da morte de seu esposo e de seus filhos, Jesus Cristo tocou seu coração com um raio de seu divino ardor para que entrasse no Mosteiro das Madres de Santa Madalena. Chegou ao convento e mandou chamar a madre abadessa, rogando-lhe que a aceitasse naquele santo lugar, mas não foi acolhida. Por três vezes foi rechaçada. E, continuando com suas fervorosas orações, uma noite ouviu chamarem à porta de sua casa, e uma voz lhe dizia com força: "Rita! Rita!". A seguir, assomando à janela, não viu ninguém, e voltando à sua oração, foi como que arrebatada em êxtase e viu três Santos que o Senhor enviava em sua ajuda. E ouviu uma voz que lhe dizia: "Vem, Rita, já é tempo de satisfazeres teu desejo de entrar na santa religião, no mosteiro no qual várias vezes foste rejeitada". Olhando pela janela, viu e reconheceu João Batista, e saindo rapidamente de casa, seguiu-o até o cume do grande rochedo chamado Schioppo de Roccaporena.

Ali chegando, e espantada com a altura do monte, enquanto São João Batista procurava animá-la, apareceram Santo Agostinho e São Nicolau de Tolentino, e os três a conduziram ao mosteiro; estando fechadas todas as portas e janelas, deixaram-na dentro e desapareceram.

As religiosas, ao vê-la de manhã, ficaram admiradas de que tivesse entrado estando fechadas as portas, e Rita contou-lhes o sucedido. Rogou-lhes que se reunissem em capítulo para recebê-la e elas, reunidas, receberam-na imediatamente. Com grande alegria e contentamento de todas, impuseram-lhe o hábito da Madre Santa Mônica e, depois de ter permanecido por um ano no convento, fez a profissão, prometendo observar os votos… Quando estava no mundo, era honrada e respeitada por todos; era rica de bens temporais e podia fazer e desfazer o que lhe desse na telha.

Na noite seguinte à sua profissão, viu uma escada que ia da terra ao céu, e por ela subiam e baixavam os anjos; e o Senhor estava no cimo da escada. O primeiro degrau era a obediência; o segundo, a pobreza; e o terceiro, a castidade; com outras tantas virtudes, até chegar a Jesus, que a esperava no final da escada.

O lugar onde apareceu esta visão a Rita era totalmente resplandecente, para dar-nos a entender que, quando o cristão nega sua vontade própria e decide obedecer, não pode desviar-se do caminho do céu, porque o Senhor ilumina com sua graça os que se esforçam em subir pela escada da obediência.

Nossa Bem-aventurada Rita, deixando os espinhos das riquezas temporais, foi digna de receber, em sua fronte, um espinho espiritual da coroa de nosso Senhor.

Certa vez, ouvindo uma pregação do Bem-aventurado Giacomo della Marca, que com grandíssima eficácia explicava os mistérios da Paixão, o coração de Rita inflamou-se tanto de amor a Cristo crucificado que, em sua volta para o mosteiro, ajoelhou-se aos pés de um crucifixo e, orando com fervor, pediu a Jesus Cristo que lhe desse a graça de sentir em seu corpo a dor que ele havia sentido, com um dos espinhos de sua coroa. Mereceu ser escutada, porque, no meio da fronte, sentiu a dor de um espinho pungente que lhe provocou uma chaga que perdurou por toda a vida. Essa chaga começou a putrefazer-se e a exalar mau odor, de modo que quase não falava com as demais e, às vezes, passava quinze dias sem falar com nenhuma, senão somente com seu amoroso Jesus, por meio da oração. Essa chaga do espinho da fronte curou-se quando foi a Roma a fim de obter o Jubileu.

Penitenciava-se três vezes ao dia, uma pelos defuntos, outra pelos benfeitores e outra por todos os pecadores do mundo. Meditava muito sobre a Paixão do Senhor. Em sua cela, havia feito um lugar a que chamava de "santo sepulcro", e ali uma vez esteve em êxtase tantas horas, que acreditaram tivesse morrido, e isso lhe acontecia quase diariamente, pois orava desde a meia-noite até o amanhecer.

Uma vez lhe pediram que fizesse oração por uma criança enferma e, feita a oração, a mamãe voltou para casa e encontrou sua filha curada pela oração de Rita.

Certa vez, fazendo oração por uma mulher atormentada pelo diabo, este teve de sair à força, graças à oração de Rita. Sua oração era tão agradável a Deus, que obtinha quanto queria... Ela, no entanto, teve de sofrer uma grave enfermidade nos últimos quatro anos de sua vida. Estando enferma, acamada, foi visitada por uma sua parenta que lhe perguntou se queria que lhe fosse trazido algo de sua casa. Rita disse-lhe que queria uma rosa de seu jardim de Roccaporena. A parenta sorriu de si para si, porque estavam em janeiro, e pensou que Rita delirava devido a sua enfermidade. No entanto, ao chegar em casa e visitar o jardim de Rita, viu, em meio ao roseiral, uma fresca e colorida rosa, e levou-a a Rita. E todas as religiosas no mosteiro aspiraram seu perfume com admiração, passando-a de mão em mão, assombradas de ver uma rosa fresquíssima e perfumada no mês de janeiro. Quando a parenta quis voltar para casa, pediu-lhe que lhe trouxesse figos de seu pomar. A parenta foi à horta e viu, com admiração, dois figos frescos na figueira, e os levou com alegria a seu convento de Cássia.

Sua alma bendita subiu ao céu em 1447, no dia 22 de maio. Ao morrer, ouviram-se três toques do sino do mosteiro, o qual tocou por si mesmo, ainda que se creia que tenham sido os anjos a tocar, e que acompanharam aquela alma bendita. E se sentiu um suavíssimo odor por todo o mosteiro, e sua cela viu-se resplandecer como se ali estivesse o sol.

No dia seguinte, fizeram-se solenes exéquias, às quais assistiu um grande número de pessoas de diferentes lugares e, antes de sepultá-la, uma sua parenta, que tinha um braço imóvel e insensível, aproximou-se para tocar seu corpo e ficou curada...

No convento, há uma antiga tela pintada, onde aparecem retratados seis momentos de sua vida. Primeiro, as abelhas brancas, e como entravam e saíam de sua boca.

Segundo, os três santos que guiaram e colocaram Rita no mosteiro sem abrir as portas e as janelas. Terceiro, a profissão da Bem-aventurada com o hábito de Santa Mônica. Quarto, o espinho que recebeu diante da imagem de um crucifixo. Quinto, as exéquias. Sexto, a devoção e a afluência de pessoas que iam visitar seu corpo após a morte... O Senhor fez muitos e grandes milagres por meio de nossa Bem-aventurada Rita. Junto ao seu sepulcro, veem-se imagens de prata, de cera, de madeira, de tecido, de ferro... para manifestar fatos (milagrosos) fidelissimamente registrados pelos tabeliães.

A seguir, narram-se quarenta e seis milagres de curas por intercessão de Rita, com relíquias, com óleo da lâmpada que arde sobre seu sepulcro, com material de seus hábitos, pedaços de tecido...

Nossos leitores terão percebido que este original goza de uma simplicidade e de uma ingenuidade surpreendentes, além de chamar Rita de Bem-aventurada antes de ela ser realmente beatificada pela Igreja.

O "RESUMO DA VIDA"

Desde que Santa Rita entrou no céu, muitos autores escreveram sua biografia, narrando, de surpresa em surpresa, uma vida totalmente diferente das vidas humanas, incluindo a maioria dos santos. Com frequência, citamos neste livro uma biografia de Santa Rita, escrita por ocasião de sua beatificação, e que teve sua origem em informações recolhidas junto às monjas do Mosteiro de Santa Maria Madalena.

O trabalho começou em 1625 e foi enviado a Roma em 1628. Conserva-se no Arquivo da Congregação dos Santos. Transcrevemos literalmente esse documento que leva o título de *Summariolum della vita*, tirando-o da biografia *A verdadeira história de Santa Rita*, escrita por Yves Chiron:

> A Bem-aventurada Rita nasceu de pais piedosos, em Porena, pequeno povoado situado perto de Cássia, na diocese de Spoleto. No quinto dia depois de seu nascimento, enquanto estava tranquilamente deitada em seu berço, chegaram abelhas, de um branco neve, a pousar em seus lábios, entrando e saindo de sua boca, como se tratasse de uma urna.
>
> Havia apenas completado 14 anos de idade, quando seu pai a casou. Ela desejava vivamente unir-se com um vínculo casto, como virgem consagrada, a Cristo, esposo das virgens. A autoridade paterna, porém, separou-a de Cristo e, contra sua vontade, arranjou-lhe um esposo, que lhe

deu dois filhos e morreu assassinado. A dulcíssima esposa suportou a morte com grande coragem, fazendo assíduas orações pela alma de seu marido, e exortando seus filhos a perdoarem a seu inimigo. Sem cessar, dizia-lhes que preferia que eles morressem naquele momento a saber, mais tarde, que, fortalecidos pela idade, teriam vingado a morte de seu pai. Inclusive pediu isto a Deus com todas as forças. Pouco depois, sua oração foi escutada: em um ano, perdeu seus dois filhos e, livre de toda amarra, uniu-se mais estreitamente a Cristo.

Dispondo de si mesma, pediu com insistência às monjas de Maria Madalena, que viviam sob a regra de Santo Agostinho, a permissão para entrar no convento. Este era seu desejo desde a mais tenra infância, e jamais o havia abandonado, nem durante sua vida conjugal nem enquanto se encarregava de seus filhos.

As monjas, porém, que faziam capítulo após capítulo para decidir sobre sua entrada, sempre a rechaçaram. A Serva de Cristo suportou com dificuldade essa prova, mas, como era muito humilde, exprobrava a si mesma, pensando que tinha idade excessiva para entrar a serviço de Cristo. Certa noite, enquanto rezava em sua casa com muito fervor, São João Batista, Santo Agostinho e São Nicolau de Tolentino apareceram-lhe e conduziram a Serva de Deus ao convento onde havia sido rejeitada tão a miúdo, e desapareceram. De manhã, as monjas ficaram cheias de estupor ao ver a Bem-aventurada Rita, e se perguntavam como havia sido possível que essa mulher, tantas vezes repelida, tivesse podido entrar, de noite, no recinto do convento, sem abrir nem forçar as portas. Todas estavam surpresas e confusas. Então, com grande fé, a Bem-aventurada Rita contou-lhes a história de como havia chegado; tranquilizadas, as monjas aceitaram aquela mulher favorecida pelo céu com um voto unânime do capítulo.

Quinze anos mais tarde, o Bem-aventurado Tiago de Piceno (Giacomo della Marca) fez um sermão no qual expôs maravilhosamente os sofrimentos e a morte de Cristo, e isso aconteceu no dia em que a cristandade, como a cada ano, faz memória, com tristeza, da morte de Cristo. A Bem-aventurada Rita inflamou-se de amor, e desejou no mais profundo de si mesma participar das dores da Paixão de Cristo; como um sacrifício ao Pai Todo-Poderoso, pediu-lhe experimentar ao menos a dor de uma ponta do espinho. Em sua cela, verteu abundantes lágrimas e se prosternou aos pés de Cristo, lançando profundos suspiros e pedindo com ardentes orações que pudesse participar das dores de Cristo. Não precisou esperar muito tempo: por um prodígio inaudito, um espinho atravessou a fronte da Serva de Deus, e ela sentiu sua terrível dor. Até sua morte, nunca desapareceram nem a chaga nem a cicatriz.

Rita entregou-se completamente à tarefa de orações, e passava noites inteiras rezando; contemplava os terríveis tormentos de nosso Redentor, meditava com propósito, desde a noite até o amanhecer. Mui frequentemente e com crueldade, até o sangue, maltratava seu pobre pequeno corpo, esgotado pela contemplação. Não é possível recordar todos os seus jejuns e abstinências: era como se tivesse privado a si mesma do corpo. Causava admiração a todos.

Não deixarei de narrar o que aconteceu com a Bem-aventurada Rita pouco antes de sua morte. Extenuada por uma longa enfermidade, recebeu a visita de um familiar que lhe perguntou se queria algo para medicar-se. "Gostaria", disse Rita, "que me trouxesses uma rosa que há em teu jardim." Disse isso quando tudo estava endurecido pelo frio, e um rigoroso inverno havia feito cair tanto as flores quanto as folhas. O familiar de Rita, surpreso, pensou que delirava, e se perguntou com que palavras poderia consolar a enferma. Partiu, e pouco depois, entrou por casualidade no jardim e seus olhos fixaram-se em um roseiral em cuja extremidade viu uma rosa em flor, de suave odor e cores vivas. Cheio de admiração, ficou estupefato e teve dificuldades para conservar a consciência. Por fim, colheu a rosa do alto do roseiral e apressou-se a levá-la a Rita.

O último dia da piedosa madre, que também foi o dia mais feliz, aproximava-se. Foi fortalecida pela Eucaristia e ungida pelos santos óleos. Apetrechada com estas seguranças e com o corpo exaurido pelas privações, deitou-se em um leito, e pouco depois, com uma grande tranquilidade, repousou no Senhor. Apenas acabara de morrer, ouvi-se o ruído de um sino, sem que se visse alguém a colocá-lo em movimento. A Bem-aventurada Rita morreu no dia 22 de maio de 1447.

De todas as partes, o povo acode a sua tumba; há cento e sessenta e oito anos, seu corpo, recoberto com um bálsamo, permanece intacto; florescem monumentos votivos, quase inumeráveis; a cada dia estende-se sempre mais sua fama de santidade, celebrada pelo reconhecimento dos fiéis com o culto devido aos santos; autores muito sérios contribuíram com muitas coisas a propósito da Bem-aventurada Rita, verdadeiros documentos de seus numerosos milagres e prodígios. Estes documentos foram depositados diante de sua Excelentíssima, o Cardeal Pio. A ele foi confiada, pela Congregação de Cardeais, o cuidado de uma causa demasiado grande para não brilhar, com tantos grandes milagres, renovados sem cessar: o que poderia inspirar inquietudes em uma causa tão antiga? Por conseguinte, pede-se que se permita aos religiosos de Santo Agostinho celebrar o culto e o ofício do Comum dos Santos, em memória da Bem-aventurada Rita, e às monjas da mesma ordem, recitar o ofício.

Para a causa da bem-aventurada Rita, da Ordem de Santo Agostinho, *Summariolum eius vitae* [Breve resumo de sua vida].

O *BREVE RELATO*, DE JERÔNIMO DE GHETTI

Fiéis à ordem cronológica que nos propusemos, continuamos com a descrição do *Breve relato*, que tanto já recordamos em nossa biografia. Enquanto não aparecem os estudos críticos modernos, todos os biógrafos de Santa Rita recorriam a essas três fontes, cujos resumos acabamos de transcrever.

Este *Breve relato* corresponde ao *Breve racconto della vita e miracoli della Beata Rita*, publicado em Roma em 1628. Seu autor foi Jerônimo de Ghetti, na maturidade prior-geral da Ordem de Santo Agostinho. Seu conteúdo corresponde às informações fornecidas pelas religiosas do mosteiro de Cássia, seguindo as tradições orais e escritas do convento. Foi publicado pela editora da Câmara Apostólica.

Aqui vai um resumo de suas 27 páginas:

> Entre todos os castelos dependentes de Cássia, o mais afortunado é Roccaporena, porque nele nasceu a Bem-aventurada Rita que, com a santidade de seus costumes, podia valorizar não somente aquela pequena terra, mas toda uma província.
>
> A santa mulher nasceu de pais pobres, mas piedosos. No quinto dia de seu nascimento, enquanto repousava no berço, viram como umas abelhas brancas entravam e

saíam de sua boca. Este prodígio, observado então com muita admiração, ficou obscurecido pelas grandes maravilhas operadas pela Serva de Deus.

Sua infância transcorreu com singular inocência e pureza, toda dedicada à oração e à piedade, acalentando um grande desejo de unir-se estreitamente a Deus, renunciando às solicitudes do mundo para gozar, já nesta vida, as delícias celestiais. Procurou obter permissão de seus pais para consagrar-se a Deus em estado virginal, mas não a obteve, e foi obrigada, por eles, a casar-se.

Seu esposo era de costumes rudes, e Rita, com sua bondade, superou a violência do esposo, vivendo por dezoito anos com ele em harmonia. O esposo não soube aproveitar-se da mansidão e paciência de Rita, nem superou a insolência e o orgulho. No final, terminou seus dias de morte violenta.

Aflita, a santa viúva buscou consolo na oração, e armada de uma constância invencível, com assíduas orações pedia a Deus perdão para os assassinos de seu esposo.

No entanto, temia muito que seus dois filhos, já adolescentes, se entregassem à vingança, e procurou predispô-los ao perdão; vendo, porém, que não cediam em sua obstinação, temerosa de que ofendessem a Deus, e movida por uma força inaudita de caridade e zelo, com fervorosas orações pediu a Deus que se dignasse levar-lhe os filhos, caso com o tempo devessem vingar a morte do pai.

A bondade divina aceitou o holocausto que Rita lhe oferecia e, chamando em brevíssimo tempo aqueles adolescentes, não somente livrou sua Serva dos cuidados que a afligiam, mas também afastou-a do amor às criaturas, para que dedicasse todo o seu amor ao Criador.

Resoluta, portanto, a corresponder ao Senhor, fez-se oferenda de todo o seu ser. E como não se haviam apagado ainda os desejos de sua infância que a chamavam para a vida religiosa, retornou ao seu santo propósito. Foi a Cássia e pediu, com humildade e fervor, que fosse aceita como religiosa no mosteiro de Sana Maria Madalena, sob a regra do glorioso Padre Santo Agostinho.

As religiosas reuniram-se para deliberar, mas foi rechaçada... Orou, então, com fervor, pedindo o auxílio divino. Redobrando orações e lágrimas, humilhava-se diante de Deus, atribuindo a seus pecados o fato de ter sido repelida. Finalmente, a misericórdia de Deus consolou-a. Certa noite, ouviu uma voz que a convidava ao mosteiro. Rita viu São João Batista que se encaminhava rumo a um altíssimo penhasco, chamado Schioppo, em Roccaporena. Ali foi, por breve tempo, abandonada para que compreendesse a altitude do lugar e a sublimidade da perfeição religiosa a que Deus a chamava, e visse o horror da queda. Enquanto se encontrava ali, tímida e ansiosa, foi consolada por São João Batista, que retornou em companhia de Santo Agostinho e de São Nicolau de Tolentino. Esses três Santos tomaram-na e colocaram-na, de modo incompreensível para ela, dentro do mosteiro, e desapareceram. Na manhã seguinte, encontraram-na dentro do claustro, sem saber como havia entrado, estando fechadas as portas. Ela, porém, narrou de modo simples o que havia acontecido, e reunidas em capítulo, e por divina disposição, aceitaram-na como religiosa.

Certa ocasião, pregando em Cássia, numa Sexta-feira Santa, o Bem-aventurado Giacomo della Marca, da Ordem dos Menores, deixou-se levar pelo fervor, descrevendo as dores atrocíssimas do Salvador, a ponto de inflamar os ouvintes. Rita, mais comovida do que ninguém, sentiu um fortíssimo desejo de participar, de algum modo, dos padecimentos de Cristo. Retirada em sua cela, ajoelhada aos pés de um crucifixo, que ainda hoje se conserva no oratório do mosteiro, com amargas lágrimas começou a suplicar que lhe desse ao menos uma pequena parte de seus sofrimentos. E, de imediato, por um milagre singular, um espinho da coroa de Cristo feriu-a de tal modo na fronte que até a morte permaneceu impressa e incurável a chaga, conforme ainda se vê em seu santo cadáver.

Esta graça tão especial ensejou a Rita a ocasião de exercitar-se em muitas virtudes com maior paz e tranquilidade, porque, além da dor que lhe provocava a ferida, emitia um odor nauseabundo e, para não provocar náuseas em suas irmãs, vivia em contínua solidão, recolhida em si mesma e dada à mortificação, recebendo favores celestiais.

Por ocasião do Jubileu do Ano Santo, boa parte das religiosas, juntamente com a abadessa, desejaram ir a Roma, para visitar os lugares santos, a fim de conseguir o tesouro das indulgências. Rita também quis assistir, mas as companheiras, vendo o problema que poderia significar levá-la em sua companhia devido à fetidez da chaga, com muita caridade lhe pediram que ficasse. Rita mandou trazer um unguento simples e, tocando a fronte com ele, a ferida secou-se. Assim, pôde ir a Roma com piedade extraordinária para receber o Jubileu. E quando a Santa viúva voltou de Roma, a ferida tornou a ficar como antes.

Continuando Rita com seus exercícios espirituais e suas penitências, no final caiu doente. Esteve de cama durante quatro anos, recebendo da mão de Deus os sofrimentos de sua enfermidade, com o corpo cravado na cama, mas com o espírito andando pelo Paraíso, a conversar com os anjos.

E Deus quis manifestar com sinais evidentes o amor que tinha por sua amada esposa. No período mais duro do inverno, estando tudo coberto de neve, uma boa parenta de Rita foi visitá-la. Rita disse-lhe que desejava uma rosa e dois figos de seu jardim. A boa senhora sorriu, crendo que delirava. Contudo, quando a parenta chegou a casa, ao entrar no jardim de Rita, viu uma belíssima rosa, e na figueira, dois figos bem maduros. Ficou atônita e levou-os a Rita.

Já se aproximava o trânsito da Bem-aventurada, e nosso Redentor lhe apareceu com sua Santíssima Mãe, convidando-a ao Paraíso. Pediu os santos sacramentos, e assim se preparou para a partida deste mundo. Seu corpo, consumido pelas penitências e pelo jejum, repousou no Senhor e, subitamente, os sinos da igreja tocaram sozinhos. Morreu a Bem-aventurada no sábado, 22 de maio de 1447, com a idade de 70 anos.

Deus nosso Senhor recompensou largamente sua Serva fiel com sinais sensíveis e especialmente com o suavíssimo odor que exalava e até hoje sai de seu puríssimo corpo, que se conserva incorrupto em todas as suas partes e com uma cor normal, não alterada. Tendo, pois, a divina onipotência honrado esta Santa mulher com a virtude dos milagres, cada vez que Deus obra em alguém, por meio dela, aumenta, de algum modo, a fragrância de suas relíquias.

Todas estas coisas narradas por nós são de conhecimento público e foram transmitidas por tradição sem interrupção pelos antepassados, encontrando-se também em alguns escritos antigos e, sobretudo, em uma tela pintada desde o ano do feliz trânsito da Bem-aventurada. Esta pintura contém os principais fatos.

Os autores desses documentos anteriores tratam Rita de "Bem-aventurada", tal como seu primeiro biógrafo, Cavallucci, sem que ela tivesse sido ainda beatificada pela Igreja. A voz do povo proclamou-a assim dois séculos antes da Igreja.

BULA DE CANONIZAÇÃO DE SANTA RITA DE CÁSSIA

O mais ilustre de seus biógrafos é, sem dúvida, o Papa Leão XIII, que mandou inscrevê-la no catálogo dos santos. Transcrevemos literalmente o panegírico que o Pontífice fez na Bula de canonização:

Leão, Bispo,
Servo dos Servos de Deus para perpétua memória
Úmbria, mãe gloriosa de santos, que criou Benedito, Francisco e as duas Claras, acrescenta a eles, com razão, Rita, a qual o Pai das misericórdias e das luzes, como escreve a respeito de São Francisco o Doutor São Boaventura no prólogo de sua vida, antecipou com bênçãos de doçura... e tornou célebre com prerrogativas e méritos de egrégias virtudes, distinguindo-o com os sagrados estigmas da Cruz. Motivo pelo qual a veneração e o culto de Rita ultrapassaram, brevemente, não apenas as fronteiras da Úmbria e da Itália, como também invadiu toda a Europa e floresce no Novo Mundo, exaltados e engrandecidos por Cristo com grandes e contínuos milagres. Nada, portanto, é-nos tão grato como colocar no catálogo dos santos, com rito solene, esta amantíssima Esposa de Cristo, e exortar vivamente aos fiéis a que implorem

ferventemente, neste Ano Santo, o poderoso patrocínio de Santa Rita, para que assim o solene sacrifício que logo haveremos de celebrar em honra de Cristo, Salvador dos homens, torne-se mais agradável a tão grande Príncipe, e mais rico pela abundância e fecundidade de dons e de virtudes celestiais.

Seu nascimento em Porena, em 1381
Porena, humilde aldeia da Úmbria, nas proximidades de Cássia, adquiriu notável renome por ter nascido nela SANTA RITA. Com efeito, ali veio à luz, em 1381, sendo seus pais Antônio Mancini e Amada Ferri, tão ilustres pela religiosidade, virtude e, sobretudo, pela caridade para com o próximo e pela prudência, que seus vizinhos os admiravam e veneravam como modelos. Razão pela qual tantas vezes se tratasse de apaziguar discórdias e solucionar litígios, coisa frequente naqueles tempos conturbados, de comum consentimento eram escolhidos como árbitros, e tão bem e com tanta consciência desempenhavam seus compromissos, que mereceram o sobrenome de pacificadores.

Seu nascimento e nome são revelados por Deus
Estavam muito avançados em idade e precisavam de herdeiro, e o pediram a Deus com vivas instâncias. Quando tiveram Rita, viram realizados seus desejos. Por essa razão, o parto da Amada foi visto como um milagre e um prêmio que o céu outorgava às virtudes desses excelentes consortes, e até se disse e se consignou por escrito que o souberam por revelação divina, assim como o nome de Rita, que devia ser dado à futura criança, e que alguns consideravam uma contração de MARGARITA.

Admiráveis indícios de futura santidade
Sinais tão marcantes de futura santidade perceberam-se nela desde sua infância, sendo que todos a consideravam nascida não somente para consolo de seus pais, mas igualmente para o bem da humanidade. Em determinadas ocasiões, maravilhosos resplendores circundavam a cabeça da menina e sua própria mãe percebeu, com admiração, que mamava somente três vezes ao dia, à exceção das sextas-feiras, circunstância prodigiosa que parecia denotar a admirável abstinência e penitência de Rita, e seu amor ardentíssimo a Jesus Crucificado, assim como seu vivo desejo de imitá-lo e de imitar-lhe as virtudes. A doçura de seu caráter, de sua palavra, de seus costumes e exemplo, com o que ganhou para Jesus Cristo tantos depravados, estava simbolizada naquelas inofensivas abelhas que revolteavam e entravam e saíam de sua boca alternadamente, sem causar-lhe o menor dano. Portento admirável, levando-se em conta o tempo que durou, segundo a tradição e a natureza daquelas abelhas, tão dessemelhantes às de sua espécie.

Suas virtudes na infância
Falemos, porém, das virtudes da Bem-aventurada, com as quais Deus proveu aquela que estava destinada a enriquecer os homens com tantos exemplos e benefícios. Rita, portanto, logo que chegou ao uso da razão, a primeira coisa que entendeu foi que havia nascido para Deus; e abrindo mão dos entretenimentos infantis, rezava com fervor as orações que havia aprendido de seus pais, e as meditava diligentemente em meio aos quefazeres domésticos, ou quando cumpria as ordens paternas. E embora ela, alegre e sempre submissa, procurasse antecipar-se aos desejos de seus pais, se pretendessem algo que, posto que honesto, chegasse a afastá-la da contemplação de Deus,

opunha tão suave resistência, que eles se julgavam obrigados a condescender com seus desejos. Assim se portou com sua mãe, quando esta pretendia vesti-la com alguma elegância, não aspirando senão a que a deixassem recolher-se no mais escondido da casa para consagrar-se à meditação da Paixão do Senhor, coisa que lhe permitiam os piedosos pais de muito boa vontade.

Desejos de solidão e de vida austera
Naquela cela retirada de sua casa, Rita permaneceu, com a permissão de seus pais, um ano inteiro, e por sua vontade, só teria saído dali para dirigir-se a tórrido deserto, onde poderia passar o resto de sua vida sozinha com Jesus Cristo. Entretanto, para assemelhar-se mais ao modelo divino, praticava austeríssimas penitências: mortificava sua carne com cilícios que ela mesma fazia, acrescentava jejuns apenas críveis para sua tenra idade, que lhe serviam, dizia, para atender melhor às necessidades dos pobres, a quem se comprazia atrair para si, a fim de informá-los sobre o bem viver e exortá-los a suportar com integridade as estreitezas da existência, apresentando-lhes como modelo Jesus Cristo, e estimulando-os ao desejo de seus prêmios imortais. Interessava-se muitíssimo pela salvação dos pecadores, pelos quais orava continuamente, com muito fervor, pedindo a Deus e oferecendo por eles suas penitências, para que se compadecesse deles. De igual modo, tinha grande devoção pelas almas do Purgatório, e todas as suas boas obras ela as oferecia em expiação delas, e solicitava dos demais igual caridade. De modo que muitos, estimulados por seus exemplos e virtudes, recorriam a ela, seja em busca de conselhos, seja de proteção, sobretudo as jovens pobres, que se sentiam com vocação para uma vida mais perfeita.

Nos altares da obediência paterna,
sacrifica sua vocação religiosa e contrai matrimônio
Nisto, chegou o tempo oportuno para decidir-se a determinado estado de vida. Retirar-se para o deserto, como o havia pensado, estava vedado pelo amor e reverência que devia a seus pais: guardar a virgindade e viver somente para Deus não lhe parecia nem fácil nem seguro. Razão pela qual, depois de muito orar, resolveu recolher-se em um mosteiro de severa disciplina, e esperando conjuntura propícia para revelar sua decisão a seus amados pais. Estes, porém, antecipando-se a suas determinações e palavras, disseram-lhe com toda a seriedade que pensavam em um honesto matrimônio para ela, e não se atreveu a opor-se à vontade deles; contudo, desfeita em lágrimas, pedia a Deus fervorosamente que a iluminasse e confortasse em tão grave conflito. Deus não lhe faltou em tão árdua ocasião, porque a tinha destinado a ser exemplo para as casas e consolo para as viúvas, e aquietou o ânimo perturbado de Rita, induzindo-a a aceitar o esposo que seus pais lhe tinham designado.

Exímio exemplo de mulheres casadas
Este se chamava Paulo Fernando e, ao que parece, homem de índole simples e de bons costumes; pouco tempo depois de seu casamento, no entanto, mostrou-se muito diferente do que aparentava; não somente depreciava Rita, mas também a maltratava, de sorte que, mais do que marido, parecia seu verdugo. Ela, porém, nem resistia nem se aborrecia; ao contrário, dizia que merecia tudo, e que mais sofreu o inocentíssimo Jesus, a quem pedia com assíduas orações que lhe concedesse a paciência, e a seu marido, arrependimento e conversão. No início, tal conduta irritou ainda mais seu marido; mas depois, com o favor de Deus, que ouviu benigno as preces de sua serva,

transformou-se de tal maneira que não somente pediu perdão a Rita, mas também, admirado de suas virtudes, procurou imitá-la com todas as suas forças.

Exemplo de fortaleza para as viúvas
Contudo, não foi muito longo o tempo de seu matrimônio: seu marido, ainda homem muito jovem, foi assassinado não se sabe por que causa. Aquela desgraça afligiu Rita, mas a suportou com segurança, tendo até mesmo escondido em sua casa os assassinos para que a Justiça não deitasse as mãos sobre eles; no entanto, não aliviou a pena de sua alma em prantos e gritos de dor, mas dedicou-se com todas as suas forças à oração, ao jejum e à penitência para alívio da alma de seu marido, a respeito da qual soube, por revelação do céu, que se achava retida nas chamas do Purgatório, na expectativa da eterna glória.

Observa os mandamentos de Deus
e imita os exemplos dos santos
A preocupação principal da santa viúva era, no entanto, educar na piedade os dois filhos que Paulo lhe deixara, e vendo-os inclinados a vingar a morte do pai, considerando que com isso fariam uma obra digna, ela os confrontava com o preceito de Jesus Cristo e os exemplos dos santos, dizendo-lhes que nada seria mais proveitoso à alma do pai deles do que o esquecimento generoso do delito e a oração constante, para que de todos tivesse piedade aquele que pela salvação de todos quis morrer, e rogou ao Pai que perdoasse os seus verdugos. E como percebesse que tais conselhos não os convenciam, e que eles perseveravam no propósito de vingança, recorreu a Jesus Crucificado e recomendou-lhe esse assunto, pedindo-lhe com fervor que ou mudasse a vontade de seus filhos, ou os tirasse deste

mundo, enquanto ainda podiam desculpar-lhes a determinação os poucos anos de idade que tinham, pois apenas haviam alcançado a idade da puberdade. Sua oração foi escutada, e ambos morreram em menos de um ano. Então, aproveitou a ocasião que o céu lhe oferecia para realizar seu antigo propósito de consagrar-se a Jesus Cristo. E trazia a sua memória aquela querida cela que tinha em sua casa, quando era menina e onde passava as horas na doce meditação da Paixão do Senhor, e se esforçava por reproduzir em seu corpo os tormentos do Redentor. Pediu, então, que fosse admitida no mosteiro chamado de Santa Maria Madalena, que existia em Cássia; a superiora, ou prelada, alegou que as leis do mosteiro não autorizavam a admissão de viúvas, e negou-se às pretensões de Rita, por mais que esta tenha insistido uma e outra vez com empenho em seu pedido.

Entra no mosteiro por um milagre de Deus
Deus atendeu, com um milagre, o ardente desejo de Rita, e também para a glória daquele benemérito mosteiro, porque um dia as religiosas que o habitavam se encontraram com Rita dentro dele, e perguntando-lhe como havia entrado, ela contou-lhes que, encontrando-se em oração na noite anterior, em sua casa, foi chamada, e tendo saído à rua, encontrou-se com seus patronos celestiais: São João Batista, Santo Agostinho e São Nicolau de Tolentino, que a conduziram para o mosteiro de Cássia, aonde chegou cruzando caminhos escabrosos e cheios de espinhos, tendo seus guias desaparecido deixando-a onde estava à vista delas. Ao fazer tal narrativa, parecia sentir uma alegria celestial, dando por tudo isso graças a Deus.

*No claustro, foi para todos exemplo admirável
de virtude, de penitência e de amor a Cristo*

Tendo sido, pois, recebida no número das religiosas, Rita começou seu noviciado, e no final deste formulou os votos solenes com aplauso de suas companheiras, que compreendiam a glória e a honra que por meio dela iriam redundar para o convento. Disso foi garantia o próprio Senhor, pois um gozo celestial invadiu Rita ao fazer seus votos, e considerando-se já fora deste mundo, viu aquela escada de Jacó que tocava o céu, em cujo extremo estava o Senhor, convidando-a a subir para que pudesse abraçá-la. Em meio a dons tão celestiais, que lhe granjeavam a admiração das pessoas, ela manteve-se em grande humildade, desejando os serviços mais humildes, considerando-se como serva de todos, e alegrando-se sobremaneira quando, para provar sua obediência, ordenavam-lhe algo que parecia disparatado. Assim sucedeu que, durante um ano inteiro, por mandato superior, esteve a regar uma planta seca no jardim, a qual, por fim, veio a dar flores e frutos. Amante apaixonada da pobreza, não quis ter cama em sua cela, e contentou-se somente com uma roupa. Sua penitência foi assombrosa. Acostumada a ela desde tenra idade, uma vez consagrada a Deus, praticou-a em grau incrível. Observava a Quaresma com suma rigidez, comendo uma única vez um pouco de pão durante o dia, com total privação de vinho. Dormia no chão ou sobre duríssima tábua, por brevíssimo tempo, e usando o cilício, disciplinava-se três vezes, até derramar sangue, oferecendo a primeira flagelação às almas do Purgatório, a segunda aos benfeitores do mosteiro e a terceira à conversão dos pecadores. Tão proeminentes frutos de penitência causaram inveja ao demônio, que procurava persuadir Rita de que não podia, com sua conduta, agradar a Deus, que ordena conservar a vida. Dado que ela não fazia caso das pérfidas sugestões do tentador, ao contrário, mortificava com mais empenho seu corpo, ele, irritado, arrebatou-lhe das mãos as disciplinas. Rendido, porém, no final, viu-se obrigado a retirar-se, açoitado com chicotadas por Rita. Já dissemos por que ela entregava seu corpo a tamanhas macerações, ou seja, para extinguir as concupiscências carnais e para o bem do próximo. E essa caridade para com sua alma e para com o próximo era alimentada com a assídua meditação das coisas celestiais e, acima de tudo, da Paixão de nosso Senhor Jesus Cristo, a qual, cultivada por ela desde sua mais tenra idade, enraizou-se tão profundamente em sua alma, que nada pensava ou sentia que não se referisse a ela ou a representasse. E alcançou tão alto grau de contemplação neste ponto que, às vezes, não lhe bastavam quinze dias para acalmar suas ânsias na meditação da Paixão de Jesus Cristo, e acontecia frequentemente que, começada a meditação com o pôr do sol, lamentava vê-la interrompida pelo sol nascente. Muitas vezes suas companheiras de clausura a encontravam em sua cela quase morta e chorando intensamente, ou arrebatada em êxtase.

Um espinho da coroa de Cristo crucificado traspassa a fronte de Rita

Rita pedia a Deus com instância que lhe concedesse algum sinal da Paixão, porque, tendo ouvido um sermão da Paixão do Senhor, desejava ardentemente uma amostra dela, e Deus lhe concedeu a graça de que um espinho se desprendesse da coroa de Jesus crucificado e lhe traspassasse a fronte. A ferida que se produziu, cujas dores sofreu até a morte, foi ocasião para que brilhasse, não somente a paciência de Rita, mas também sua humildade. Porque aquela úlcera tornou-se putrefata e, pelo mau cheiro que exalava, viu-se obrigada a separar-se de suas companheiras, dando, por isso, fervorosas graças a Deus, porque assim podia viver sozinha.

No Ano Santo, visitou Roma com suas irmãs, acontecendo, para isso, um milagre
O ano 450 foi "Ano Santo", e as Irmãs concordaram em ir a Roma por esse fausto motivo (porque, naquele período, não existia ainda a lei da clausura). Rita desejava muito acompanhá-las, mas a priora proibiu-a por causa da ferida hedionda de que padecia. Suplicou a Jesus que lhe suprimisse a fétida chaga, permanecendo apenas a dor que lhe causava, e foi escutada em sua oração. O Senhor recompensou, durante a viagem, com grandes benefícios e milagres a generosa vontade de padecer que animava sua serva. Voltando para casa, imediatamente reapareceu a chaga, mediante o que cresceu ainda mais a admiração que todos sentiam por Rita.

Santa morte de Rita no dia 22 de maio de 1457, aos 76 anos de idade
Santa Rita desejava dissolver-se e estar com Cristo, contando sempre com a vontade de seu amado. Às acerbas dores de sua ferida, somaram-se outras procedentes de um mal desconhecido dos médicos e resistente a todo tratamento terapêutico. Deus esqueceu-se disso, a fim de que se ressaltasse mais sua virtude, e Rita se congratulava com isso, dando ao Senhor abundantes graças, enquanto suas Irmãs se entregavam ao pranto. E isso acontecia, principalmente, quando recebia a Sagrada Comunhão, quase o único alimento que tomou durante quatro anos. Depois da comunhão, era consolada frequentemente com visões celestiais. Jesus e sua Mãe Santíssima anunciaram sua morte próxima, poucos dias antes que sobreviesse.

Com essa notícia, quis receber os últimos sacramentos da Igreja, como o fez, com grande piedade e gozo singular, e, conversando docemente com suas Irmãs, foi para junto do Senhor, aos 76 anos de idade, no dia 11 das calendas de junho (22 de maio) de 1457.

O povo a venera como santa, de acordo com o clero, devido aos milagres que faz
Houve muitos que viram seu espírito entrar no céu, o que se confirmou com outros milagres. Anunciaram sua morte os sinos, que tocaram sozinhos; um esplendor maravilhoso inundou a cela da defunta, e por todo o mosteiro difundiu-se um suave perfume que dela emanava. O cadáver oferecia um aspecto celestial, e a úlcera da fronte, antes putrefata e horrível aos olhos, brilhava como um rubi. Tudo isso fez com que ninguém duvidasse da santidade de Rita, e todo o povo, com aprovação dos pontífices, tributou-lhe o culto devido aos santos.

Em seguida, o Romano Pontífice Leão XIII, em sua Bula, narra o desenvolvimento que teve a veneração do povo cristão a Santa Rita, na Europa e na América. No final, declara o grau heroico das virtudes de Santa Rita e recorda os três milagres que a Igreja levou em consideração em sua canonização. São os seguintes:

O PRIMEIRO consiste no perfume maravilhoso que exala de seu sepulcro, segundo o asseguram muitas e abonadas testemunhas do processo, e o confirmam a história e uma constante tradição mui piedosa. Este perfume não conhece nenhuma causa; demonstraram-no homens peritíssimos nas ciências naturais; difunde-se de maneira contrária às leis ordinárias da natureza, e se percebe essa delicada fragrância quando Deus sumamente bom opera algum prodígio pela invocação da Bem-aventurada Rita; tudo denota a origem divina de tal perfume.

O SEGUNDO MILAGRE é o de uma menina chamada Isabel, que chegou a perder a vista em Bergamo. Percebendo que os médicos nada podiam fazer para curá-la de tão grave doença, seus pais levaram-na ao convento de Cássia e suplicaram a Rita que a livrasse da cegueira ou que levasse a menina deste mundo, conduzindo-a à mansão da luz eterna. Depois de ter vestido, durante quatro meses, o hábito que havia prometido, exclamou de repente que já enxergava, dando graças a Deus e à Bem-aventurada Rita com as demais religiosas, e sem dificuldade, pôde aprender a ler no próprio convento.

O TERCEIRO MILAGRE aconteceu com Cosme Pellegrini, o qual, atacado por uma gastroenterite crônica e por hemorragias, chegou ao extremo de perder todas as suas forças e seu sangue, sem esperança alguma de cura. No dia 22 de maio de 1877, dia de Santa Rita, ao voltar da igreja, ele sofreu um ataque do qual acreditou morrer. Chamados os médicos, e considerando o caso desesperançado, mandaram administrar-lhe os últimos sacramentos, os quais recebeu quase já cadáver em seu leito. No terceiro dia, porém, pareceu-lhe que Rita lhe dizia que estava curado. Em seguida, voltam-lhe as forças e a vontade de comer, e imediatamente Cosme, que já estava com 70 anos de idade, pôde trabalhar como se fosse um jovem robusto, cheio de vida e de vigor. Assim o declarou em juízo o próprio interessado, e bem o comprovava sua própria presença.

O Santo Padre promulgou o decreto aprovando esses três milagres no dia 8 de abril, Domingo de Ramos, e cumpridos os trâmites costumeiros, no dia 24 de maio do Ano Jubilar de 1900, canonizou-a solenemente na Basílica Vaticana. A Bula está datada também deste 24 de maio de 1900. O Papa proferiu, no dia de sua canonização, as seguintes palavras:

> As honras solenes que a Igreja decreta aos santos devem encher de intensa alegria os ânimos dos fiéis, e impulsioná-los suave, mas eficazmente, à imitação de suas virtudes, para que possam agradar a Cristo, Rei dos Santos. Santa Rita, virgem, mãe de família, viúva e, no final, religiosa exemplar, tanto agradou a Deus que a quis assinalar com o sinal da caridade e da Paixão. Rita obteve este grande privilégio por sua humildade singular, por seu desprezo quase incrível dos bens terrenos e por sua admirável penitência em todas as situações da vida. Em duas virtudes, no entanto, sobressaiu-se de maneira especial: no amor ao próximo e a Cristo crucificado, no que se resume toda a sabedoria cristã. Por isso, a seu respeito, a Igreja canta esta oração:
> Ó Deus, que vos dignastes conferir à Bem-aventurada Rita uma tão grande graça, que, por haver-vos imitado no amor de seus inimigos, concedestes-lhe levar em seu coração e em sua fronte os sinais da caridade e de vossa paixão, dai-nos, por seus méritos e intercessão, o amor a nossos inimigos e meditar continuamente as dores de vossa Paixão, arrependendo-nos de nossos pecados.
> Que Santa Rita vos alcance esta graça, ó fiéis! Tomai-a por vossa advogada diante de Jesus Cristo, para que, pela prática destas virtudes, possais honrar a santidade e a dignidade do nome de cristãos que levais.

ÚLTIMO COMENTÁRIO

Chama nossa atenção tanta solenidade da Igreja na beatificação e canonização de Rita Lotti, com esta advertência que nos faz seu excelente biógrafo Yves Chiron: "A Igreja nem sequer a inscreveu em seu calendário litúrgico universal, nem depois de sua canonização, nem quando Paulo VI reformou o calendário litúrgico".

Imagino que essa mesma surpresa invade os ânimos dos milhares de peregrinos que anualmente acodem à Grande Basílica de Cássia, erguida em sua honra. A Congregação de Ritos tem em suas mãos a decisão mais conveniente. No entanto, tampouco seus devotos podem pretender que Santa Rita seja anteposta pela Igreja em sua liturgia a outros muitos santos do calendário cristão, os quais a reforma depois do Vaticano II deixou fora do culto universal.

Disse São João no Apocalipse, que "olhou e havia uma multidão imensa, que ninguém podia contar, de toda nação, raças, povos e línguas, de pé diante do trono e do Cordeiro, vestidos com vestiduras brancas e com palmas em suas mãos". O autor sagrado referia-se aos mártires da perseguição de Nero. Hoje, São João está entre eles e vê em sua companhia uma multidão mais numerosa ainda de santos que a Igreja deu a Deus ao longo de vinte séculos. Com eles, encontra-se essa mulher de uma aldeia desconhecida da Itália, perdida na cordilheira dos Apeninos, que dedicou sua vida morrendo por Cristo, "vestida com vestiduras brancas e com palmas em suas mãos" (cf. Ap 7,9). Seguindo São João (19,8), vejo Santa Rita vestida de boda, como a "Esposa do Cordeiro, de linho deslumbrante de brancura" (o linho, explica o vidente, "são as ações dos santos"). Rita desfruta do banquete de Deus, da Verdade, da Vida, da Beleza, do Amor, da Felicidade infinita e eterna.

À guisa de conclusão, ofereço a meus leitores algumas ideias que nos ajudam a seguir o caminho percorrido por Santa Rita. O cardeal espanhol Merry del Val, Secretário de Estado de São Pio X, escreveu que, ao levantar-se de manhã, dizia a si mesmo: "Nem todo o bem que se há de fazer hoje no mundo tenho de fazê-lo eu, mas há um pouco de bem que, se não faço, fica por fazer". Lança, querido devoto de Santa Rita, um olhar retrospectivo à sua vida, e pensa se lhe restou algo a fazer quando menina e adolescente, quando esposa e mãe, e religiosa agostiniana.

Permita-me que lhe recorde novamente as palavras de São Venceslau a seu pajem, que não podia segui-lo caminhando sobre a neve gelada: "Põe teus pés nas pegadas deixadas por minhas sandálias". Não deixou de fazer nenhum bem devido, e o que ela fez, você pode realizar. A primeira das virtudes em Santa Rita foi a bondade, e você pode ser uma pessoa boa. Chesterton diz: "Um homem santo em nosso tempo significa um homem muito bom".

A Igreja elege os santos padroeiros de povos e de cidades das nações cristãs. Pareceria natural que as grandes cidades tivessem por protetores os grandes santos e sábios como Santo Agostinho, Santo Isidoro de Sevilha, Santo Tomás de Aquino…; contudo, não é assim. Viena tem por padroeiro São Clemente, que foi padeiro; Lisboa, um frade franciscano, Santo Antônio de Pádua; Paris, uma pastora de ovelhas durante sua adolescência, Santa Genoveva; Madri, um operário diarista, Santo Isidoro... A "advogada das causas impossíveis" é a padroeira de povoados e pequenas cidades, mas não é tudo: é a padroeira de milhões de fiéis que, durante mais de cinco séculos, juntaram seu coração ao dela.

Yves Chiron conta que, em Paris, dedicaram a Santa Rita uma capela vizinha ao Moulin Rouge. Em 1988, os parisienses também colocaram uma estátua de Santa Rita dentro da Basílica do Sagrado Coração de Montmartre. Essa estátua representa a bondade, o perdão, o amor de Santa Rita. São os valores de que o mundo necessita. Essa mulher está acima de todas as "estrelas", às quais tantos monumentos levanta e aplaude o progresso.

Santa Rita, roga a Deus por nós!

BIBLIOGRAFIA

ALONSO, Carlo. *Saggio bibliografico su santa Rita.* Cascia, 1978.
ARAGÓN y BORJA, Alonso de. *Vida de la bienaventurada Rita de Casia*; religiosa de la Orden de San Agustín, Madrid, 1628.
ATTI DEL PROCESSO DI BEATIFICAZIONE, 1.626, Archivio agostianiano, Ms. 92, Roma.
BREVE RACCONTO della vita e miracoli della beata Rita da Cascia a cura delle suore di monasterio di Santa Rita. Roma: Stamperia della Camera Apostolica, 1628.
BERNADEZ, José. *Santa Rita de Casia.* Madrid: Apostolado de la Oración, 1923.
BRUNI, Gerardo. *La rosa di Roccaporena.* Roccaporena: Opera di Santa Rita, 1997.
CAMPO DEL POZO, Fernando. *Vida de Santa Rita de Casia*; abogada de los imposibles. Valladolid, 1998.
CAVALLUCCI, Agostino. *Vita della B. Rita da Cascia dell'Ordine de S. Agostino.* Siena, 1610.
CHETTI, Romano Girolamo. *Delle virtù e miracoli della beata Rita da Cascia.* Perugia, 1628.
CHIRON, Yves. *La verdadera historia de Santa Rita.* Madrid: Palabra, 2006.
CUOMO, Franco. *Santa Rita degli impossibili.* 10. ed. Piemme, 2005.
DOCUMENTAZIONE Ritiana Antica (DRA) a cura di Damaso Trapo di monastero di Santa Rita, 4 v.: I, *Il processo di 1.626 e la sua letteratura*; II, *Il volto veritiero de Santa Rita*; III, *Gli statuti di Cascia*; IV, *L'archivio notarile di Santa Rita*, Cascia, 1968-1970.
GARCÍA, Jacinto. *Santa Rita abogada de imposibles.* Madrid: Revista Agustiniana, 2001.

GIOVETTI, Paola. *Santa Rita da Cascia*. 4. ed. ed. Ciniselo Balsamo: San Paolo, 2000.

GROSSI, V. *Rita da Cascia, genio di santitá en Donna*: genio e missione. Milano: Vita e Pensiero, 1990.

JUAN PABLO II. Carta al Obispo de Spoleto-Norcia en el VI centenario del nacimiento de Santa Rita, 1982.

MARTINACCI. *Un volto della santità*; Rita da Cascia. Roma: Città Nuova, 1981.

PAPÒ, Alessandro; GIULIANO, Aguzzi. *Santa Rita senza mito in un'opera reatina inedita*, del 1737. Rieti, 2000.

PERI, Vittorio. *Rita da Cascia*. Velar, 1993.

_____. *Rita da Cascia*; una parabola dell'amore. Gorle (Bergamo), 1994.

RANO, Balbino. *Santa Rita*; estudio histórico crítico sobre sus primeras biografías y sobre su vida. Archivo Agustiniano, v. 73 (1989), pp. 53-135.

RIVAROLA, Juan. *La perfecta mujer*; Beata Rita da Cascia. Napoli, 1654.

SIMONETTI, Nicola. *Vita della beata Rita da Cascia*. Manoscritto del 1697. Archivio Agustiniano (Ms. 87), Roma.

TRAPÉ, Agostino. *Santa Rita e il suo messaggio*. Milano: Paoline, 1986.

VITTORIO, Giorgetti; SABATINI, Omero; LUDOVICO, Sabatino di. *L'ordine agostiniano a Cascia. Nuovi dati storici sulla vita di Santa Rita e di altri illustri agostiniani*. Perugia: Quattroemme, 2000.